작지만 큰 브랜드

작지만 큰 브랜드

우리 가게를 위한 10가지 브랜딩 법칙

우승우 · 차상우 · 한재호 · 엄채은

북스톤

"Small Is the New Big."

참 신기하다. 무언가 하려고 하면 괜히 눈에 띄어 열어보는 책
들이 있다. 마케팅 구루 세스 고딘의 《이제는 작은 것이 큰 것이다
(Small Is the New Big)》가 그런 책이다. 끌린 듯이 책을 들고, 괜히 한 장
한 장 페이지를 넘겨본다. 그동안 만나온 작은 브랜드들, 그 브랜드
들을 만들고 키워가고 있는 사장님들의 얼굴이 하나둘 떠오른다. 새
삼 요즘처럼 스몰 브랜드에 대한 관심이 커진 때가 있었나 싶다.

브랜드에 대한 책도 많고 콘텐츠도 넘쳐난다. 단지 관심만이 아
니다. 규모를 떠나 기업 경영에 이제 브랜드는 필수 요소로 자리잡았

고, 거리 곳곳에 매력적인 브랜드가 눈에 띈다. 조직에 소속되지 않고 개인 스스로 브랜드가 되어 영역을 넓혀가는 사례 또한 이제 생소하지 않다.

기술의 발전으로 생산은 쉬워지고, 스마트폰으로 몇 번 터치만 하면 직간접적으로 세계여행도, 우주여행도 할 수 있는 시대다. 그런 한편 코로나19의 영향으로 세계화가 아닌 자신의 국가를 우선시하고, 개인들 역시 생존을 위해 각자도생해야 하는 시대다. 어디 이뿐인가? 대중의 취향이나 가격이 아니라 세분화된 개인의 취향이 소비 선택의 주요 축이 된 지 오래다. 이렇게 변화하는 시대에 맞춰 작은 브랜드들은 자기만의 독특한 색깔로 고객의 욕망을 자극하고, 공감대를 얻고, 커뮤니티를 이룬다. 스몰 브랜드의 전성시대가 시작된 것이다.

그렇다면 스몰 브랜드 전성시대는 단순히 개인화된 취향을 원하는 시대 상황에 따른 현상일 뿐일까?

스몰 브랜드 전성시대라 하지만, 정작 브랜드는 어떻게 해야 할지 잘 모르겠다고 한다. 브랜드 그리고 브랜딩이라는 것이 그렇게 어려운 것일까? 그렇다면 매력적인 스몰 브랜드를 만들어가는 사장님들은 브랜딩에 대한 전문 교육을 받은 것일까, 아니면 브랜드 전문가의 도움을 받아서 만든 것일까? 아마도 대부분은 그렇지 않을 것이다. 물론 브랜드 외부의 도움도 구하며 다각도로 노력을 기울였겠지만, 그것만으로 충분하지는 않다.

아니, 극단적으로 이야기하면 스몰 브랜드에는 크게 도움이 되지 않는 경우가 많다.

왜냐하면 브랜드와 브랜딩은 결국 자기다움에 대한 이야기이기 때문이다. 내 이야기를 내 관점에서 풀어내면 되는 것이다. 그것을 세련되고 매력적으로 보이기 위해 언어적으로, 시각적으로 전문가의 도움을 받아야 할 때도 분명 있겠지만, 그 출발점이자 핵심 경쟁력은 자기다움이므로 누구나 만들 수 있다. 왜 사업을 시작했는지, 나는 어떤 사람인지, 이 사업을 통해 이루고 싶은 것이 무엇인지 정리하고 꾸준히 말해 내 브랜드의 시작점이자 경쟁력으로 만드는 것, 이것이 자기다움이다.

사장님이 직접 만든 브랜드일수록 더 쉽고 명확하게 자기다움을 정리할 수 있기에 매력적인 스몰 브랜드로 거듭날 가능성도 더 크지 않겠는가?

그렇기에 우리는 스몰 브랜드의 유행이 단순히 하나의 현상이 아니라, 브랜드를 제대로 만들기 위해 당연히 거쳐야 하는 기본적인 시작점이자 핵심을 보여주는 현상이라 말하고 싶다.

많은 사람들이 자신의 브랜드를 크게 키우고 싶어 한다. 그런 분들에게 말씀드린다. 큰 브랜드를 원한다면 작게 시작하자. 큰 사랑을 받는 규모 있는 브랜드가 되려면 매장 한두 개의 작은 브랜드일 때부터 고객의 마음을 파고들어야 한다. 우리가 어떤 브랜드인지, 고객들이 이용해야 하는 이유는 무엇인지를 명확히 밝혀 작게 시작하고 인정받는 것이 중요하다. 프랜차이즈 커피 브랜드보다 우리 동네 젊은 바리스타의 커피집이 좋고, 30년 넘게 한 자리를 지킨 동네 빵집 사장님의 단팥빵이 그 어떤 유명한 브랜드보다 매력적으로 느껴지는 비결은 다른 것이 아니다.

스몰 브랜드 개발 플랫폼 '아보카도'는 2018년에 서비스를 론칭한 이래 1000개 이상의 작은 브랜드를 만들고, 키워왔다. 스타트업, 사회적기업, 로컬, 소상공인 브랜드 등 다양한 스몰 브랜드를 만나면서 그들이 스스로 자기다움을 발견하고 그것을 매력적으로 선보이기 위해 언어로, 시각적으로 풀어가는 작업을 도왔다. 브랜드를 통해 생긴 변화를 눈으로 보고 피부로 느끼고 매출로 연결하며 브랜드를 다듬어가는 모습을 보면서 아보카도와 사장님들 모두 큰 보람을 느끼고 있다.

이런 경험들이 모이면 더 큰 브랜드를 만들 수 있다고 믿는다. 이 믿음에 공감하는 사람들이 많아질수록 누구나 브랜드에 대한 주도권을 갖게 되는 세상이 가능해질 것이라 생각한다. 아보카도가 속한 더워터멜론의 비전, '브랜드 민주화' 말이다.

여기 작은 브랜드를 위한 10가지 브랜딩 법칙이 있다. 작은 브랜드를 만들어 크게 키운 경험자들의 이야기와 1000여 개의 스몰 브랜드를 만든 아보카도의 노하우를 오롯이 담았다. 지금은 작은 브랜드이지만 언젠가는 큰 브랜드로 성장할 것이고, 작은 브랜드이지만 매력적인 브랜딩과 단단한 팬덤으로 큰 브랜드에 버금가는 영향력을 줄 수 있다는 포부를 담아 제목을 지었다. 작은 브랜드이지만 그 브랜드를 만든 여러분은 누구보다 큰 잠재력을 가지고 있으므로.

책을 위해 인터뷰를 흔쾌히 수락해 주시고, 브랜드를 만드는 과정과 노하우를 아낌없이 알려주신 오롤리데이 박신후 대표님, 감자밭 이미소, 최동녘 대표님, 슈퍼말차 성혜진 부대표님, 박가네빈대떡 추상미 대표님, 아로마티카 김영균 대표님께 감사드린다.

자, 이제 작지만 큰 브랜드를 만들어보자.

차 례

45

89

139

173

217

우리 가게를 브랜드로 만드는 3가지 키워드

작은 가게를 브랜드로 만드는 것은 '사장님'으로부터 시작된다. 사장님이 시작인 이유는 간단하다. 가게의 주인이 바로 사장님이고, 사장님이라면 자신의 가게를 사랑할 것이기 때문이다. 혹시라도 내가 운영하는 가게를 사랑하지 않는다면? 자신의 사업에 대해 다시 생각해 보자.

나의 가게를 브랜드로 만들려면 사장이라는 타이틀을 단 자신에 대한 탐구가 필요하다. 내가 좋아하는 것은 무엇인지, 싫어하는 것은 무엇인지, 하고 싶은 것은 무엇인지 같은 것들 말이다. 너무 평범한 질문들이라 의아할지도 모르겠다. 그러나 아보카도가 만난 많은 사장님이 이 기본적인 질문에 답하는 데 어려움을 느꼈다. 모르긴 몰라도 매일매일 치열하게 고객을 대하며 가게를 알려야 하는 고단함 때문 아니었을까. 현실적인 어려움에 치여 자신에 대한 탐색을 미뤄두었을 가능성이 크다.

하지만 평이해 보이는 질문들에 답하는 과정이야말로 나만의 가게, 즉 유일무이한 브랜드를 만드는 시작이자 차별화를 이루는 중요한 단서가 된다. 우리 가게가 다른 가게들과 크게 다를 바 없이 비슷해 보인다면, 스스로에게 이 질문을 해보자. 나라는 존재는 대단하든 아니든 이 세상에 하나뿐이며, 나에 대한 탐구가 곧 유일한 브랜드로 나아가는 시작이 될 테니까.

이 키워드는 자연스럽게 '가게'로 이어진다. 가게는 앞서 말한 질문의 답에서 비롯된 결과물이다. 즉 브랜드의 기준이 사장님이라면, 그 기준에 따른 실제 활동과 적용은 가게로 연결된다. 그 기준이 얼마나 세심하고 구체적인지에 따라 가게 또는 브랜드를 보여주는 공간이 달라지는 것은 당연하다. 다시 말해 소비자에게 전달되는 힘의 크기가 달라진다. 기준이 구체적이면 구체적일수록 고객이 그 공간을 만났을 때 남다르게 느낄 요소가 많을 것이고, 이는 고객이 다른 브랜드가 아닌 우리 브랜드를 선택하는 이유로 이어진다.

본질적인 경험의 차이는 있겠지만 기억에 남을 만한 고객경험을 제공한다는 관점에서 보면, 온라인에도 오프라인에도 기회가 있다. 매장에 걸려온 전화에 응대하는 멘트에도, 주문 내역을 안내하는 카카오톡 메시지에도 우리 브랜드의 생각과 색깔을 보여줄 기회가 얼마든지 있다. 우리 가게, 그리고 우리 가게를 보여주는 모든 요소를 찬찬히 살펴보자. 사장님인 당신의 생각이 어느 정도 반영되어 있는가?

장사에도 브랜드에도 '그냥'이란 있을 수 없다. 우리 브랜드를 가장 잘 보여줄 수 있는, 고객이 우리 브랜드를 처음 만나는 공간이므로 가게는 무엇보다 브랜드로서의 역할을 톡톡히 해야 한다.

마지막 키워드는 '고객'이다. 고객이 사장님과 가게 다음에 등장한다는 사실에 주목하자. 브랜드를 만들고 운영하고 성과를 낸다는 측면에서 고객은 당연히 중요하다. 소위 대박 난 브랜드의 스토리나 사례에서 고객에 대한 언급이 빠지지 않는 것만 봐도, 역시 고객은 중요하다.

그런데 여기서 조금 다르게 생각해 볼 필요가 있다. 고객 최우선주의를 사장님 최우선주의로 바꿔보면 어떨까. 이는 소위 '취향의 시대'라는 시대적 이슈를 반영한다. 언젠가부터 감각과도 비슷한 의미로 쓰이고 있지만 취향은 철저히 개인적인 것이며, 개인의 가치관과도 연결된다. 즉 취향이 없다는 말은 사장님의 장사 철학이 없다는 말로도 받아들여질 수 있다. 이 때문에 고객보다 사장님 자신을 먼저 생각해야 한다는 것이다. 그동안 아보카도가 만난 사장님들 1000여명의 이야기를 되짚어보면, 브랜딩이나 마케팅 관련 전문지식이나 경험이 적었을 뿐 자신의 생각과 자신만의 답을 분명히 갖고 있었다. 아보카도는 그 생각들이 실제 브랜드를 만드는 데 역할을 할 수 있도록 돕는 조력자다.

이 말이 고객이 중요하지 않다는 의미는 당연히 아니다. 다만 고객에 대한 인식을 새롭게 바꾸어보자는 것이다. 고객의 기호에 맞춰 가게를 운영하기보다, 한 명의 개인이자 고객이기도 한 사장님 스스로에 대해 좀 더 생각해 보자는 것이다(일단 사장님이 좋아해야 고객도 좋아하지 않겠는가). 이러한 접근이 가게의 고객이자 팬을 만드는 시작이 된다는 사실을 기억하면 좋겠다.

이 책에서는 이 3가지 키워드를 중심으로, '우리 가게를 브랜드로 만드는 10가지 법칙'을 정리했다. 브랜딩의 기본이 되는 법칙부터 오늘 하루의 장사와 고객을 위한 법칙, 앞으로의 사업과 사장님을 위한 법칙까지, 사장님과 장사를 둘러싼 모든 영역을 브랜드로 만드는 내용을 담았다.

그동안 만난 많은 사장님과 작은 가게들의 이야기가 책을 쓰는 토대가 되었다. 아울러 손에 잡힐 듯 말듯 모호했던 '브랜딩'이라는 단어를 사장님 각자의 것으로 손에 쥘 수 있도록 최대한 상세하게 정리하고자 했다. 10가지 법칙은 스스로를 점검하는 데 쓸 수 있고, 지금 당장 장사에 적용할 수도 있으며, 앞으로의 사업계획을 세우는 기준이 될 수도 있을 것이다.

자, 이제 브랜드의 세계에 입장할 시간이다. 다시 말하지만, 시작은 사장님이다. 사장님이 브랜드의 진짜 주인이 되어야 하고, 브랜딩의 주인공이 되어야 한다. 그것이 브랜드를 만드는 시작이자 목표이며, 오늘도 새롭게 쏟아지는 가게들 속에 자기만의 자리를 확보하는 길이다. 모든 업이 그렇듯 장사는 먹고사는 문제이며, 단 하루도 사장님의 삶과 분리해 생각할 수 없다. 그만큼 중대하고, 중요할 수밖에.

아보카도는 장사가 곧 브랜드라 생각한다. '모든 비즈니스는 브랜딩이다'라는 어느 책의 제목처럼, 모든 장사는 브랜딩임을 다시 한 번 강조하고 싶다. 아보카도는 그동안 쌓아올린 시간을 통해 이 명제가 실제로 작동한다는 것을 확인했다. 이제 사장님이 경험할 차례다. 이미 장사를 시작한 사장님들과 앞으로 장사를 시작할 사장님들 모두에게 존경의 마음을 담아 장사가 브랜드가 되어가는 과정, 작지만 큰 브랜드가 되어가는 소중한 여정에 초대한다.

● 우리 가게를 브랜드로 만드는 10가지 법칙 ●

법칙 1 브랜드 전략이 곧 장사 전략이다.

법칙 2 사장님이 먼저 브랜드가 되어야 한다.

법칙 3 브랜드는 '자기다움'을 찾는 데서 시작된다.

버벌 브랜딩

법칙 4 브랜드와 고객을 맺어주는 것은 '이야기'다.

법칙 5 우리 브랜드를 설명하는 하나의 문장을 만들어야 한다.

비주얼 브랜딩

법칙 6 하나의 폰트와 하나의 컬러를 사용해야 한다.

법칙 7 브랜드 상징 요소로 한 우물을 파야 한다.

법칙 8 브랜드는 작게 시작하고 꾸준히 해야 한다.

법칙 9 브랜드는 고객과 직원을 모두 바라봐야 한다.

법칙 10 브랜드는 결국 팬을 만들어야 한다.

"당장 가게를 운영하기도 벅차서 브랜드를 신경쓸 여력이 없어요. 브랜드는 큰 기업이나 잘되는 가게가 하는 것 아닌가요?"

사장님들과 브랜드에 대해 논의하고 고민할 때마다 빠지지 않고 등장하는 이야기다. 사장님들에게 '브랜드'라는 단어는 너무 크고 멀다. 브랜드가 장기적으로 가게 장사와 매출에 엄청난 영향력을 미치는 줄 알지만, 눈에 보이지 않아서인지 당장 필요한 일로 와닿지 않는 것일까? 가게를 운영하는 사장님들을 만나보면 당장의 매출, 고객 관리, 직원 관리 등 신경쓸 것들이 정말 많은데 브랜드까지 챙겨야 하는지 의문을 품는 분들도 많다. 한가한 이야기라고 느끼는 분들도 적지 않다.

브랜드 전략이
곧 장사 전략이다

실제 장사를 하면서 브랜드의 위력을 실감하지 못하는 현실적 상황도 한몫한다. 맥도날드, 배스킨라빈스, 메가커피처럼 누구나 아는 이름난 브랜드를 만들지 않았어도 줄 서서 먹는 만둣집이나 꽈배기집처럼 동네에서 '장사 잘되는 집'으로 소문난 가게도 많고, 입소문만으로 대박나는 매장도 적지 않으니까.

그렇지만 결론부터 말하면 브랜드에 신경쓰지 않는 가게는 언젠가 어려움에 맞닥뜨릴 수밖에 없고, '장사'에서 지속 가능한 '사업'으로 나아가기 어렵다. 그런 면에서 브랜드란 어쩌면 사장님들에게 '교과서' 같은 존재인지도 모른다. 평소에는 너무 당연한 내용이라 소홀히 하다가 실전에서 기본개념 문제들을 놓치고 나서야 교과서의 중요성을 깨닫는 것처럼, 많은 분들이 뒤늦게 브랜드의 중요성과 무게감을 인지하곤 한다.

말이 나온 김에 되짚어보자. 우리 가게가 단순한 장사가 아니라 잘 만든 브랜드가 되면 과연 무엇이 좋을까?

한마디로 말해 모든 사장님이 꿈꾸는 이상적인 가게를 만들 수 있다. 고객 스스로 지인들에게 가게를 홍보하는 가게, 신제품이 나오면 광고하지 않아도 고객들이 믿고 사는 가게, 이 가게에서 일하고 싶다고 사람들이 찾아오는 가게, 경기침체나 코로나19 같은 위기상황에도 꾸준히 매출이 나오는 가게! 이런 가게가 가능하다고? '브랜드' 파워가 막강하다면 가능하다.

브랜드는 우리 가게의 '모든' 것

브랜드라는 단어를 단순히 제품 이름이나 로고, 상표 등을 지칭할 때 쓰는 경우가 많아서일까. 브랜드가 무엇인지 물어보면 '그냥 어떤 제품…?'이라고 애매하게 답하는 경우가 종종 있다. 하지만 브랜드는 단순히 제품 이름이나 로고, 상표가 아니다.

라면을 사려고 편의점에 갔다고 해보자. 매대에 신라면, 삼양라면, 진라면, 불닭볶음면 등 온갖 라면이 즐비하다. 라면들이 자기 이름을 외치지 않아도 상표나 패키지만 봐도 어떤 라면인지 구분할 수 있다. 이렇게 자신의 상품/서비스를 다른 상품/서비스와 분명하게 구분 짓는 모든 요소가 '브랜드'다. 단순히 이름뿐 아니라 슬로건, 제품, 사람, 색상, 공간, 문화 등 우리 가게가 갖춘 유무형의 모든 것들이 브랜드의 구성 요소가 된다. 한마디로 브랜드는 우리 가게의 '모든 것'이다.

　이왕 라면을 소재로 꺼낸 김에 라면 이야기를 좀 더 해보자. 세상에는 정말 많은 라면 브랜드가 있고, 사람마다 선호하는 라면 브랜드도 제각각이다. 누군가는 TV에서 손흥민이 맛있게 먹는 모습을 보고 신라면을 좋아할 테고, 누군가는 물놀이 후에 먹었던 진라면의 맛이 잊히지 않아서 진라면만 먹고, 누군가는 라면의 원조라는 인식이 박힌 덕에 삼양라면을 즐겨 먹는다. 사소한 것 같지만, 대다수 사람들은 선호하는 라면 브랜드가 한번 생기면 특별한 이유가 없는 한 선택을 쉽게 바꾸지 않는다. 이렇게 브랜드는 고객의 구매 선택 요인을 만들고, 반복 구매를 일으키는 역할을 한다.

　그러면 이제 브랜딩에 대해 이야기해 보자. 브랜딩은 사람들에게 보여주고 싶은 우리 가게와 사람들이 실제로 느끼는 우리 가게의 차이를 좁혀가며 고객과 관계 맺는 과정이다. 예를 들어 우리 브랜드를 '대학 친구 집처럼 편안한 분위기의 한식 주점'으로 보여주고 싶다면? 고객들이 '편안한 친구 집'처럼 느낄 만한 브랜드 이름을 짓고, 로고를 만들고, 인테리어를 하고, 각종 홍보도 편안한 친구 같은 말투를 써서 고객들이 '음, 이 가게는 대학 시절에 갔던 친구네 같아'라고 느끼게 하는 모든 과정이 브랜딩이다.

우리 브랜드에 대한 고객들의 인식

브랜딩이란?

사람들이 우리 가게를 어떻게 보고 있는지와 사람들에게 어떤 가게로 보이고 싶은지의 차이를 줄여가며 고객과 관계 맺는 과정

Goal!

인식되고 싶은 모습

우리 가게를 어떤 곳으로 보이도록 만들고 싶은지, 즉 가게 이미지를 만드는 과정에 반드시 고려해야 할 사항이 있다. 바로 자기다움이다. 자기다움은 브랜드 컨셉과 연결되는 자신만의 생각, 철학, 취향 등으로 구성된 정체성이다. (자기다움에 대한 자세한 이야기는 3장에서 설명하겠다.)

사장님들과 이야기를 나눠보면 우리 가게와 어울리는지 여부를 떠나 요즘 잘나가는, 소위 힙한 브랜드로 보이고 싶다는 바람이 빠지지 않는다. 꼭 힙해야만 좋은 브랜드, 멋진 브랜드, 사람들에게 인기 있는 브랜드일까? 주변에서 스타일 좋다고 생각되는 사람들을 떠올려보자. 단순히 유행하는 옷을 입고, 유행하는 헤어스타일을 하는 사람들은 아닐 것이다. 자기 분위기에 어울리는 스타일을 아는 사람, 또렷한 스타일을 가진 사람을 우리는 스타일이 좋다고 말한다. 어울리지 않는데도 유행하는 스타일대로 입은 사람더러 스타일 좋다고는 하지 않는다. 브랜드도 마찬가지다. 단순히 유행을 착실히 따르는, 디자인이 멋져 보이는 곳만이 브랜딩이 잘된 가게는 아니다.

우리 가게가 가진 고유의 정체성인 '자기다움'에 맞게 이미지를 만들어갈 때, 고객들은 우리 가게를 브랜드라 불러준다. 가게가 지닌 '자기다움'과 고객이 바라보고 느끼는 가게 이미지가 일치할 때, 브랜딩이 잘됐다고 말하며 좋아해 주는 것이다.

여기까지는 브랜드와 브랜딩에 대한 오해도 풀고, 기본적인 개념을 어느 정도 파악하는 과정에 가깝다. 이제부터 설명할 내용은 브랜드 전략이다. 브랜드 전략이라니 벌써 어렵고, 정장을 차려입은 컨설턴트들이 회의실에서 밤새워 전략을 만드는 거창한 풍경이 연상되는가? 장사와는 거리가 멀어 보이는가? 이 역시 오해다. 장사 전략은 브랜드 전략이며, 브랜드 전략이 곧 장사 전략이다. 브랜드 전략은 컨설턴트의 회의실이 아니라 사장님이 장사를 결심하던 바로 그날 탄생한다.

잠시 눈을 감고 가게를 열었을 때를 생각해 보자. 처음 창업을 결심한 그 순간, 처음 매장 문을 열었을 때 마음속 깊이 새긴 목표를.

"우리 브랜드를 통해 이루고 싶은 목표가 무엇인가요?"

아보카도에서 만든 도나닭 로고 (출처 : 더워터멜론)

브랜딩 교육으로 만난 동탄시의 닭요리 배달 전문점 사장님은 이런 목표를 말해 주었다.

"편안하게 올 수 있는 집밥 같은, 손님에게 따뜻함을 주는 식당이 되고 싶어요."

이 사장님은 교육 후에도 자신의 목표를 잊지 않고 장사의 모든 활동에 반영해 실천하고 있다. 집에서 만든 요리의 느낌을 전하기 위해 배달 포장도 집밥 요리처럼 정성스럽게 하는 등 '집밥'이라는 이미지에 맞게 가게를 만들어간다. 이런 꾸준함이 있으니 '집밥 같다'는 리뷰가 자주 보이는 건 당연한 일. 여기에 리뷰 댓글에도 '가족이 만듭니다'라는 슬로건을 지속적으로 사용하며 집밥의 이미지를 쌓아가고 있다.

이 사장님이 특별히 브랜드 전략을 짜서 실행한 것일까? 아니다. 그저 가게를 통해 이루고 싶은 목표를 잊지 않고 매일의 장사에 반영했을 뿐이다. 그 모든 활동이 그 가게만의 브랜드 이미지를 만든 것이다. 브랜드 전략이 장사 전략인 이유다.

신촌의 한 여대 근처에 위치한 '초식곳간'이라는 샐러드 가게의 브랜딩을 도운 적이 있다. 이 가게 역시 처음 세운 목표를 잊지 않고 치밀한 장사 전략을 통해 브랜드를 만들어가고 있다. 여대 앞 샐러드 집이라 하면 단순히 '여대생들이 샐러드를 즐겨 먹으니 샐러드 가게를 열어야지'라는 목표로 차렸다고 생각하기 쉽지만, 이 가게에는 아주 멋진 장사 목표가 있다. 제품이 아닌 건강한 식습관의 지표가 되자는 것이다.

초식곳간의 모든 장사 전략은 이 하나의 목표를 달성하기 위해 구성되어 있다. 식습관이나 건강에도 신경쓰겠다며 샐러드를 먹으려 했다가 웬만한 한 끼 식사보다 비싼 가격에 부담을 느낀 적이 있을 것이다. 이런 문제를 해결하고자 초식곳간에서는 셰프 출신의 사장님이 재료를 직접 손질해 단가를 낮추고, 합리적인 가격대로 샐러드를 제공한다. 건강을 위해 가공식품 사용을 최소화하는 전략도 빼놓지 않는다. 수제 드레싱을 사용하고, 일부 채소는 매장에서 직접 재배한다. 매장에서 채소를 키우는 모습에서 싱싱한 건강함이 느껴진다.

이 모든 것은 별다른 구심점 없이 이루어지는 것이 아니라 '건강한 식습관을 만든다'는 장사 목표를 달성하기 위한, 목표에 부합하는 활동이다. 이러한 일련의 모습을 보며 고객들은 자연스럽게 '초식곳간은 건강하고 맛있는 샐러드를 제공하는 곳이야. 이곳에 오면 건강한 식습관이 생길 것 같아'라고 느끼게 된다. 이것이 곧 초식곳간이 보여주고 싶은 이미지와 고객이 보는 초식곳간의 이미지 간극을 좁히는 브랜딩 과정이다.

아보카도에서 만든 초식곳간 로고 (출처 : 더워터멜론)

다시 한 번 강조하지만, 장사 목표를 달성하기 위한 모든 활동이 우리 가게 브랜드를 만들어가는 전략이 된다.

브랜드와 매출은 동전의 양면

브랜드를 만드는 일은 비용과 시간, 품이 많이 들어가는 터라 작은 가게와는 거리가 먼 활동 아니냐고 오해하는 분들도 많다. 그래서인지 많은 초보 사장님들이 안정적인 현금흐름을 만들고 난 후에 브랜딩을 해야겠다고 계획을 세운다. 그러나 브랜딩은 매출과 거리가 먼 일도, 매출이 자리잡은 후에 계획해도 되는 일도 아니다. 브랜드와 매출은 동전의 양면과 같다. 브랜드가 있기에 매출이 있고, 매출이 있기에 브랜드가 있다.

이해를 돕기 위해 앞에서 소개한 초식곳간 브랜드를 좀 더 구체적으로 들여다보자.

'건강한 식습관의 지표'라는 목표를 세워 착실하게 장사를 하고 있는 초식곳간. 사장님이 계속 이 목표를 지키려면 어떻게 해야 할까? 그렇다, '매출'과 '이익'이 나야 한다. 그렇지 않으면 아무리 뜻이 좋아도 가게를 오래 운영하기 힘든 것이 현실이다.

초식곳간이 합리적인 가격대의 샐러드를 제공할 수 있었던 데에는 사장님이 셰프 출신이어서 요리를 직접 할 수 있다는 점이 중요하게 작용했다. 그 덕에 가격을 낮추면서도 이익을 실현할 수 있었다. 가령 사장님이 건강한 식습관의 지표가 되겠다며 무리해서 해외 유명 대학 박사 출신 전문가의 도움을 받아 건강식습관 백서를 제작해 전국에 배포한다면? 여기에 그치지 않고 전 국민을 대상으로 건강한 식습관 캠페인을 펼친다면? 무척 뜻깊은 활동이지만, 작은 개인 가게가 하기에는 시간과 돈이 너무 많이 든다. 그 비용을 감당할 만큼의 매출이 나와야 하고, 설령 매출이 나온다 해도 영업이익까지 고려한다면 손해보는 장사가 될 수밖에 없다. 결국 가게는 오래가기 어려워지고, 당연히 브랜드도 지속할 수 없게 된다.

사장님을 위한 질문
- 처음 창업을 결심했을 때 어떤 목표를 세웠나요?
- 지금 우리 가게가 그 목표에 맞는 장사 활동을 하고 있나요?
  아니면 그냥 남들도 다 하는 걸 하고 있나요?
- 우리 가게의 활동은 매출과 연관되나요?

브랜딩은 거창한 것이 아니다. 무리할 필요도 없다. 매출과 가게 규모에 맞는 현실적인 브랜드 전략을 세우자. 브랜드 전략과 장사 전략을 일치시키는 데 앞의 질문이 도움이 될 것이다. 그렇게 만든 브랜드로 고객들의 구매 요인을 만들고 반복 구매를 유도하자. 브랜딩을 통해 매출이 안정되고 늘어나면, 그에 걸맞은 전략으로 브랜드를 확장해 지속 가능한 브랜드로 나아가자.

장사 전략을 세우는 방법

 처음 우리 가게를 세울 때 생각한 목표를
잘 보이는 곳에 써둔다.

그 목표를 달성하기 위한 활동들을
모든 장사 활동에 적용하며 잊지 않는다.

모든 활동은 매출과 연관되어 있어야
 하고 매출과 가게 규모에 맞는 현실적인
활동이어야 한다.

가게 매출과 환경이 바뀌면 이에 맞는
전략을 실행해 지속 가능한 가게를
만들어간다.

이것이 바로
'장사 전략=브랜드 전략' 공식

가게를 브랜드로 만드는 모든 활동은 사장님으로부터 시작한다. 그래서 사장님들과 브랜드 멘토링을 할 때 반드시 하는 말이 있다. "사장님이 바로 가게이자 브랜드예요. 사장님 안에 브랜드의 답이 있어요."

사장님들에게 힘을 주기 위해 하는 빈말이 아니다. 프랜차이즈의 경우 본사에서 정한 브랜드 운영방침대로만 실행하면 브랜드 이미지를 일관성 있게 보여줄 수 있지만, 프랜차이즈가 아닌 개인이 운영하는 가게는 일관성의 기준이 사장님에게 달려 있다.

사장님이 살아온 이력, 취향, 가치관, 행동 등 사장님의 모든 것은 가게에 녹아든다. 사장님의 장사 철학이 상품에 녹아들고, 취향이

사장님이 먼저
브랜드가 되어야 한다

매장 인테리어에 스며들고, 고객을 대하는 사장님의 말투, 표정, 행동 하나하나가 고객들에게 직접 전해진다. 사장님의 이미지가 가게 이미지를 만드는 것이다. 보여지는 가게 이미지뿐 아니라 사장님이 창업한 이유, 사장님의 비전, 사장님이 추구하는 가게 문화와 직원 관리 등 보이지 않는 요소에도 사장님의 생각이 녹아들 수밖에 없다. 사장님 개인이 매력적인 브랜드라면, 사람들도 사장님의 가게를 궁금해하고 매력을 느낄 수밖에 없다. 그러니 사장님이 브랜드가 아니면 누가 브랜드가 되리.

동네 상권을 살펴보면 '무뚝뚝한데 은근히 친절한 옆집 아들이 하는 카페'처럼 사장님의 캐릭터를 통해 알려진 가게들이 종종 눈에 띈다. 동네 상권이 아니더라도, 대기업이나 프랜차이즈가 아닌 이상 사장님 개인의 영향력이 절대적일 수밖에 없다. 사장님 자체가 움직이는 광고판이랄까. 더욱이 이제는 SNS를 통해 나라는 존재를 우리 동네에, 우리나라에, 전 세계에 알릴 수 있는 시대 아닌가.

이런 시대에 걸맞게 사장님이 먼저 브랜드가 되어 가게를 매력적인 브랜드로 만들자.

쌩Q 미스터카멜, 카멜커피

"그거 참 보통 아이요."

카멜커피를 한마디로 표현하는 말이다. 카멜커피라는 이름대로 카멜색으로 가득한 가게. 쫀쫀한 시그너처 커피 '카멜커피'와 카멜색처럼 빈티지하면서도 고급스러운 인테리어. 하지만 무엇보다 카멜커피를 유명하게 만든 건 그거 참 보통 아닌 박강현이라는 개인 브랜드다. 자칭 카멜커피 사장 미스터 카멜, 줄여서 '카사미카'라 불리는 그.

남다른 패션센스와 "주는 대로 무라, 보통 아이요, 쌩Q" 같은 특유의 위트, 그리고 가수 못지않은 가창력으로 개인 인스타그램 팔로어가 10만 명이 넘는 이른바 '셀럽'이다. 길거리에서 연예인을 만나면 같이 사진 찍는 것처럼, 박강현 대표를 만나 함께 찍은 사진을 SNS에 올리고, 특유의 말투를 따라 하는 사람들도 심심치 않게 볼 수 있다. 매장 분위기와 커피 맛 때문에 카멜커피에 가는 고객들도 많지만, 박강현 대표라는 브랜드에 호감을 느껴 카멜커피를 방문하는 고객들도 많다. 이런 열렬한 사랑 덕에 2017년 성수동에서 시작한 카멜커피는 2022년 말 9호점까지 확장했으며 백화점 입점, 브랜드 콜라보레이션 등 다양한 활동을 하며 브랜드를 키워가고 있다.

단순히 박강현 대표의 유머 감각이 뛰어나고 인기가 많아서 카멜커피가 성공했을까? 그렇다면 유머 감각 넘치는 사장님들이 하는 카페는 모두 대박을 터뜨렸을 것이다.

박강현 대표는 공간, 인테리어, 빈티지가구에 관심이 많아 좋아하는 소품과 가구들을 틈틈이 사 모으곤 했다고 한다. 그런 그는 패션 관련 사업을 하면서도 늘 '나만의 공간을 나만의 취향으로 디자인하고 싶다'는 꿈을 마음 한 켠에 품고 있었다. 그러던 중 2017년 성수동의 어느 정밀공장이 있던 공간에 카멜커피를 오픈하며 그 꿈을 이뤘다. 그는 3개월 동안 직접 인테리어를 하며 좋아하는 가구와 소품, 컬러를 기반으로 낡은 공간을 자신만의 취향이 가득한 '카멜커피'로 탈바꿈시켰다. 카멜커피라는 이름 또한 카멜(camel) 계열의 컬러를 좋아하는 그의 취향을 반영한다. 자신의 확고한 취향을 고스란히 투영해 '카멜커피다움'을 정립한 것이다.

그러고는 예전부터 단단히 일궈온 개인 브랜드를 카멜커피 브랜드를 알리는 데 적극 활용했다. 자신을 성수의 '뚝도시장 셀럽'이라 칭하며 본인의 인스타그램 계정에 카멜커피 소식과 개인의 일상을 감각적이면서도 위트 있게 내보낸 것. 이후 청담동에 카멜커피 2호점을 내면서 그는 뚝도시장 셀럽에서 '청우성(청담동 정우성)'으로 닉네임을 바꾸어 불렀다. 매장의 맥락에 맞게 사장님의 브랜드 컨셉을 유연하게 바꾼 것이다. 청담동에서 가장 맛있는 커피, 청담동에서 가장 감각적인 카페라 말하는 게 아니라 청담동 정우성이 하는 카페라니, 이렇게 다시 사장님과 가게가 자연스럽게 이어진다.

여기서 멈추지 않고 카멜커피와 사장님 모두 브랜드가 처음 세운 목표를 날카롭게 갈고닦는 모습을 꾸준히 보여주고 있다. 카멜커피다움을 보여주기 위해 직접 디자인한 굿즈를 출시하는가 하면, 주택을 개조한 서울숲 7호점은 마당에 깔린 타일 하나에도 빈티지 감성이 흐르도록 디테일에 신경썼다.

이렇게 오프라인 카멜커피는 사장님만의 취향으로 채워지고, SNS라는 사장님의 공간은 취향에 유머 감각이 더해진다. 카멜커피가 자기다움을 갈고닦는 것처럼, 박강현 대표의 SNS 역시 하루가 다르게 유쾌해지고 있다. 카멜커피는 이미 사업적인 면에서 궤도에 오른 지 오래지만 자기 브랜드를 애정하며 꾸준히 자기다움을 만들어가는 박강현 대표의 모습에 매료되는 이들은 더 늘어나고 있다.

오프라인에서는 누구보다 힙하게, 온라인에서는 누구보다 재미있게 브랜드를 풀어내는 카멜커피. 그 중심에는 확고한 취향을 갖춘 박강현 대표가 있다. '자신의 공간을 자신의 취향으로 채운다'는 것이 카멜커피의 장사 목표이자 브랜드 목표다. 이를 박강현 대표가 먼저 브랜드가 되어 이루어가고 있다.

국수, 그 찰나를 담다

용인에 위치한 '고기리막국수', 오전부터 대표 메뉴인 들기름 막국수의 맛을 느끼려는 사람들로 가득 차곤 한다. 한참 줄을 서야 들어갈 수 있는 인기 가게지만, 처음부터 고기리막국수가 이른바 '대박'을 터뜨린 것은 아니다. 부부는 함께 운영하던 이자카야가 어려워지면서 수억 원의 빚을 안고 고기리에 터전을 잡았다. 2012년 작은 막국수 가게가 그렇게 문을 열었다.

고기리막국수는 일부러 오지 않으면 찾기 힘든 곳에 있다. 이런 조건에서 살아남기 위해 할 수 있는 방법은 단 하나, 고객의 입소문이다. "얼마 전에 고기리에 있는 막국숫집에 갔는데, 진짜 맛있더라. 이번 주에 같이 갈래?"라는 말을 듣는 것이다. 가게의 생존을 위해 고기리막국수 김윤정 대표는 손님 한 명 한 명에게 진심과 정성을 다하고, 국수 한 그릇에도 진심과 정성을 담았다. 이는 고기리막국수의 존재이유이기도 하다. 존재이유를 10년 넘게 잊지 않고 걸어온 덕에 이제 '막국수' 하면 바로 떠오르는 브랜드가 되었고, 오뚜기와 콜라보레이션을 하는 등 막국수처럼 슴슴한 매력을 가진 브랜드로 거듭났다.

고기리막국수 김윤정 대표의 블로그 '국수, 그 찰나를 담다'에는 고기리막국수가 걸어온 10년의 기록이 담겨 있다. 처음부터 계획을 세워 글을 썼던 것은 아니고, 블로그를 찾아온 사람들에게 댓글을 다는 일부터 시작했다. 자기 이야기를 잘 들어주는 사람에게 고마움과 진심을 느끼는 것은 당연하다. 정성스런 댓글에 사람들이 조금씩 모여들자, 김 대표는 그동안 모아둔 이야깃거리를 차근차근 풀어놓기 시작했다. 150곳이 넘는 전국 막국숫집 탐방기가 담긴 '메밀 따라가기', 고기리막국수의 일상이 담긴 '여기는 국수집' 등 다양한 테마의 이야기를 블로그에 풀어놓으며 사람들과 소통했다. 여기까지 가는 데 3년이 걸렸다고 한다. 급격한 성장이 아니라 '천천히 오랫동안 가는 가게'를 추구하는 고기리막국수의 장사 전략은 이렇게 블로그에도 고스란히 녹아 있다.

김윤정 대표의 블로그에는 운영원칙이 있다. 직원들끼리 소통하는 톤이 아니라 고객을 향해 이야기한다는 것이다. 블로그에 자주보이는 '차분히 모신다'는 표현만으로도 김윤정 대표가 고객을 대하는 태도가 어떤지 알 수 있다.

대표님 개인의 전문성과 진정성 있는 태도는 블로그뿐 아니라 가게를 찾아준 고객들에게도 전달된다. 이런 대표의 개인 브랜드가 기반이 되어 10년 동안 진심으로 고객을 대하고 맛을 유지하는 고기리막국수라는 브랜드를 만들었다.

롤리에서 오롤리데이로

본인이 만든 브랜드에 자신이 많이 투영되었다 말하는 사장님이 있다. 바로 행복을 파는 브랜드 '오롤리데이'의 박신후 대표다. 오롤리데이는 작은 문구류에서 시작해 현재 NFT 등 다양한 영역으로 사업을 확장하고 있지만, 처음 시작은 박신후 대표의 SNS였다.

박신후 대표는 '기왕 하는 거 재미있게 해보자'는 생각으로 개인 SNS에 요리 사진을 올리면서 '롤리식당'이라는 태그를 달았다. 롤리는 그녀의 SNS 활동명. 의도한 것은 아니었으나 이 해시태그를 통해 많은 이들이 SNS 계정에 유입된다. 이후 박 대표는 음료 사진을 올릴 때면 '롤리다방', 자신이 그린 그림을 올릴 때는 '롤리그림'이라는 해시태그를 달며, '롤리'라는 브랜드를 자연스럽게 알리고 쌓아갔다. 여기에 더해 자신의 생각과 가치관을 보여주고 소통하며 '롤리'라는 개인 브랜드를 더 단단하게 다지고 팬을 만들었다. 이후 오롤리데이라는 브랜드를 만드니 그 팬들이 오롤리데이 팬으로 이어진 것은 당연한 수순일 것이다.

오롤리데이처럼 인스타그램 초창기에 본인의 그림을 올려 인기를 얻고 브랜드를 론칭한 사례는 드물지 않다. 하지만 오롤리데이처럼 문구류에서 NFT로 사업영역을 확장해간 브랜드는 극히 드물다. 없다 해도 과언이 아니다.

어떻게 오롤리데이는 인스타그램으로 시작해 비즈니스에 안착할 수 있었을까? 바로 롤리라는 개인 브랜드와 오롤리데이라는 브랜드가 추구하는 가치관과 비전이 일치했기 때문이다. 오롤리데이의 비전은 '누군가의 삶을 더 행복하게 만들 수만 있다면 그게 무엇이든 도전하자'이다. 박신후 대표는 자신과 오롤리데이를 거의 동일한 존재로 바라본다. 따라서 브랜드를 키우는 것은 단순히 돈을 버는 차원을 넘어 자아실현을 추구하는 행위가 된다. 실제로 박신후 대표는 일상에서도 오롤리데이의 핵심가치에 맞게 행동하려 노력한다고 하며, 이는 브랜드와 개인 모두에게 긍정적 영향을 미친다.

대표와 브랜드가 추구하는 가치와 방향이 같으니, '고객에게 행복을 주고 싶어요'라는 오롤리데이의 진정성은 고객들에게도 그대로, 아니 제대로 전해진다. 브랜드를 만들고 파는 사람의 진정성은 제품 포장 하나에도, 콘텐츠 하나에도 묻어난다. "우리 정말 진정성 있어요!"라고 말하는 브랜드가 참 많은 세상이지만, 브랜드를 만든 사람의 진정성에서 시작한 브랜드의 깊이는 뭔가 달라도 다를 수밖에. 오롤리데이의 성공 비결은 바로 '롤리'라는 개인 브랜드의 깊이라 할 것이다.

사장님을 '브랜드'로 만드는 방법

그럼 이제 사장님이 브랜드로 거듭나는 방법을 알아보자.

사장님이 처음 장사를 시작했을 때 세운 목표로 돌아가 그 목표를 달성하기 위한 모든 장사 전략이 곧 브랜드 전략임을 앞에서 설명했다. 사장님 브랜드를 만드는 전략 역시 '목표'에서 시작된다. 살면서 이루고 싶은 목표가 무엇인지, 추구하는 가치가 무엇인지 우선 생각해 보자.

삶의 목표와 장사 목표가 일치하면 가장 좋겠지만, 완전히 합치되기는 어려우니 방향성을 유사하게 잡아보자. 너무 다르거나 도저히 일치할 기미가 없다면 장사 자체를 다시 생각해 보는 것이 좋다. 예를 들어 장사의 목표는 젊은 세대에게 희망을 주는 서점을 만드는 것인데 인생의 궁극적 목표는 해외에서 돈을 펑펑 쓰며 잘 사는 것이라면? 고객이 이 가게에 진정성이 없음을 알아차리는 것은 당연할

뿐더러 애초에 브랜드가 제대로 만들어질 리 없다. 자신이 세운 장사 목표를 이루기 위해 하루하루 성실히 살아갈 때에야 비로소 브랜드가 만들어지기 때문이다.

목표를 이루기 위해 노력하는 것만큼 중요한 것은 고객에게 브랜드를 전달하는 것이다. 나 혼자만 브랜드라 여기는 것이 아니라, 고객들이 브랜드라 인식할 때 브랜드로 거듭나기 때문이다. 그렇다면 어떻게 사장님의 개인 브랜드를 잘 전달할 수 있을까?

첫 번째 방법은 내가 좋아하고 잘하는 분야를 골라 고객에게 보여주는 것이다. 자신을 깊이 들여다보며 내가 어떤 사람인지 파악해 보자. 내가 좋아하는 것, 싫어하는 것, 잘하는 것, 못하는 것 등 자신을 객관적으로 바라보며 어떤 영역을 보여주고 확장해 갈지 정해 보자. 가게와 관련된 것이어도 좋고, 나만의 취미여도 좋다.

정했다면 적극적으로 SNS를 활용해 '사장님'이라는 브랜드를 쌓아가야 한다. 요즘처럼 SNS라는 파도를 타고 개인을 대중에게 널리 알리기 쉬운 시대가 또 있을까? 앞에서 소개한 사장님들도 본인과 본인 브랜드를 SNS를 통해 알렸고, 그 결과 사업 확장, 매출 증대 등 긍정적인 효과를 거두었다.

그런데 여기서 문제가 생긴다. "사장님, SNS는 꼭 하셔야 해요"라고 하면 "아, 제가 SNS와는 거리가 멀어서… 꼭 해야 하나요?"라며 주저하는 분들이 있다. 내 가게를, 내 브랜드를 직접 만들고 가꾸고 키우는 사장님이 아니면 누가 우리 가게를 자랑하겠는가? 그러니 성향상 어색하고 부끄럽더라도 SNS와 가까워지자. 어떻게 해도 개인을 드러내기가 주저된다면 가게나 브랜드를 대표할 수 있는 페르소나(가상의 인물, 동물, 캐릭터, 사물 등)를 화자로 내세우는 방법도 있다. 진로는 '두껍이'라는 두꺼비 캐릭터가, 곰표는 '표곰이'라는 곰 캐릭터가 브랜드 페르소나가 되어 SNS에서 브랜드의 소식을 전하고 고객들과 소통한다. 떡집이라면 송편을, 디저트 가게라면 쿠키를 페르소나로 활용해 보면 어떨까? 처음에는 어색하겠지만 어느덧 페르소나를 앞세워 신나게 소통하는 자신의 모습을 보게 될 것이다.

　사장님의 전문성을 어필하고 싶다면, 150곳이 넘는 막국숫집 방문기를 SNS에 올린 고기리막국수 김윤정 대표처럼 본업에 대한 전문성을 꾸준히 전달해 보자. 카멜커피처럼 본인의 뚜렷한 개성을 보여주는 방식도 좋다. 옷을 잘 입는 음식집 사장님이라면 '음식집 사장님의 출근룩'이라는 콘텐츠를 매일 SNS에 올려보는 식이다.

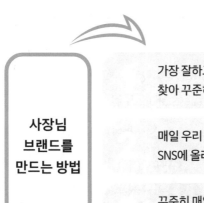

사장님
브랜드를
만드는 방법

가장 잘하고 자신 있는 분야를
찾아 꾸준히 SNS로 전달하기

매일 우리 가게 일상을
SNS에 올려보기

꾸준히 매일
한 개 이상의 콘텐츠 올리기

두 번째 방법은 매일매일 일상을 기록하는 것이다. 우리의 일상은 모두 다르다. 어린 시절 일기를 보면 다 같은 하루를 살지만 내용과 생각은 모두 다르지 않던가. 사장님에게는 평범한 일상일지라도 고객들에게는 그 일상을 전하는 언어가 삶의 태도, 궁극적으로 사장님이 추구하는 삶의 목표로 받아들여질 것이다. 일상을 공유하는 과정에서 고객은 사장님이라는 브랜드를 통해 사장님이 만든 브랜드를 인식해간다.

무엇보다 중요한 것은 '꾸준함'이다. 매일 콘텐츠를 올리는 것은 생각보다 귀찮고 인내심이 요구되는 일이다. 처음에는 반응도 거의 없어서, '이 외로운 작업을 꼭 해야 할까?'라는 생각이 드는 것도 사실이다. 하지만 지루함을 이겨내고 꾸준히 사장님 브랜드를 쌓아갈 때 비로소 매력적인 브랜드가 만들어진다는 사실을 잊지 말자.

해외 명품 브랜드명을 살펴보면 대부분 만든 사람의 이름을 따서 지은 것이다. 루이 비통이 만든 '루이비통', 마리오 프라다가 만든 '프라다'처럼. 루이 비통은 10대 때 어머니를 잃고 계모를 피해 믿기 어렵지만 걸어서(!) 파리로 와서 가방을 판매하고, 귀족들의 짐 싸는 일을 했다고 한다. 그런데 어찌나 짐을 잘 쌌던지 최고의 패커(짐 싸는 사람)라 소문이 났고, 급기야 나폴레옹 3세의 아내 외제니 황후의 전담 패커가 된다. 이후 1854년 황후의 후원으로 자신의 여행가방 전문 브랜드 '루이비통'을 만든다. 약 200년 전에 루이 비통은 자신의 전문성과 장인정신을 바탕으로 '최고의 패커'라는 브랜드가 되어, 이를 기반으로 자신의 이름을 건 명품 브랜드를 만든 것이다. 루이비통이라는 걸출한 브랜드만이 아니다. 앞서 소개한 사장님들도 자신이 먼저 브랜드가 되어 모두가 좋아하는 브랜드를 만들지 않았는가?

다시 한 번 강조하지만 브랜드는 브랜드를 만든 '사장님'으로부터 시작된다. 업을 대하는 사장님의 철학, 태도, 생각, 취향 등이 브랜드의 자기다움으로 거듭날 때 사장님의 장사 역시 오랫동안 반짝반짝 빛나는 브랜드로 남을 것이다.

"자신에게 질문을
많이 던지세요"

interview

오롤리데이

출처 : 오롤리데이

박신후 대표

"브랜드를 잘 만들고, 오래 지속하려면
자신에 대한 이해가 가장 중요해요.
스스로에 대해 명쾌해지면
그때 시작해 보라고 하고 싶어요.
고객을 설득하려면 자신을 설득해야 하고,
그러려면 스스로 질문을 많이 던져보면서
자신에 대해 알아가야 해요."

오롤리데이 브랜드와 대표님에 대해 소개해 주세요.

행복을 파는 브랜드 오롤리데이를 운영하는 롤리라고 합니다. 오롤리데이는 작은 문구 브랜드로 가볍게 시작했어요. 그러다 문구 외에 제품 카테고리도 다양해지고 NFT 발행까지 하면서 제품 카테고리 없이 '행복'이라는 한 단어로 저희를 정의하고, 행복을 발견하는 데 초점을 맞춰 브랜드를 운영하고 있어요.

《행복을 파는 브랜드 오롤리데이》를 출간하면서 우리 브랜드를 한 문장으로 어떻게 설명할지 고민했고, '행복을 파는 브랜드 오롤리데이'로 저희를 정의했죠. 특정 제품이나 콘텐츠를 판다기보다는 삶을 행복하게 만드는 도구, 생각의 변화를 도와주는 브랜드이자 '행복을 파는' 기업으로 저희를 표현합니다.

'행복'을 말하는 브랜드가 많은데, 오롤리데이가 말하는 행복은 다른 브랜드와 다르게 느껴져요. 무엇보다 진심으로 '행복'을 추구하는 것 같아요. 어떻게 소비자들에게 그렇게 받아들여지고 다른 브랜드가 말하는 '행복'과 차별화할 수 있었나요?

행복이란 단어는 너무 흔한 데다 보이지 않는 개념이라 누구나 쓸 수 있어요. 그래서 굉장히 뻔한 브랜드가 되기 쉽죠. 저희만의 차별점을 가지기 위해 오롤리데이가 말하는 '행복'은 무엇일지 정의하려고 계속 노력하고 소비자들을 설득했어요. 그 작업을 꾸준히 잘해왔다고 생각해요.

처음에는 저희도 행복을 굉장히 추상적으로 이야기했어요. 하지만 매년 '행복'을 이야기하는데 고객들이 '쟤네 똑같은 이야기만 하네'라고 인식하면 안 되잖아요. 그래서 '행복'의 의미를 더 뾰족하게 다듬는 과정을 계속 이어오고 있어요. 우리가 말하는 행복이 어떤 형태인지, 사람들이 어떻게 받아들이기 원하는지를 점점 더 선명하게 만들어가고 있죠. 다양한 제품, 콘텐츠, 캠페인, NFT 등 여러 가지를 도구 삼아 테스트하고 있습니다. 이런 노력 덕분에 다른 브랜드가 말하는 행복과 오롤리데이가 말하는 행복이 다르다고 내부 구성원이나 외부에서 바라보는 고객 모두 인지하는 것 같아요.

창업 때의 이야기를 들려주세요.

원래는 창업 생각이 전혀 없었어요. 디자인을 전공했는데, 텐바이텐에서 문구류 같은 걸 사면서 '나도 이런 걸 만들고 싶다'는, 대학생들이 툭 던지는 희망 정도만 있었죠. 졸업하고 큰 고민 없이 디자인 에이전시에 취업했는데, 그 회사의 시스템이 저랑 너무 맞지 않아서 괴로웠어요.

당시 남자친구이자 현재 남편이 자기 브랜드로 사업을 하고 있었는데 제가 회사 다니면서 그냥 도와줬어요. 그런데 출근해도 회사 일은 손에 안 잡히고 계속 그 일 생각만 나더라고요. 저는 얼마나 의미 있는 일인가, 재미있는 일인가, 이 두 가지로 동기부여가 돼요. 회사에서는 이런 감정을 별로 못 느꼈는데 사업을 도와주면서 큰 의미와 재미를 느낀 거죠.

다만 남자친구의 사업이 제 성향과 맞았던 건 아니었어요. 기왕

하는 것, 제가 더 잘할 수 있는 일로 빨리빨리 속도감 있게 하고 싶었어요. 디자인 전공을 살려 내 그림과 디자인으로 제품을 만들어보자는 생각에 에코백을 100장 정도 만들어 블로그에 올려놓고 팔기 시작했어요. 이걸 거창하게 큰 브랜드로 만든다는 생각은 전혀 없었고, 단순히 '내가 할 수 있는 걸로 돈 벌어보자'는 마음으로 가볍게 시작했어요.

오롤리데이 브랜드 네임 개발과정이 궁금합니다.

오롤리데이 론칭 전에 저라는 사람 자체가 어느 정도 퍼스널 브랜딩이 돼 있었어요. '롤리'라는 이름으로 인스타그램 초창기부터 활동해서 조금씩 알려지고 있었거든요. 그래서 자연스럽게 제가 만든 브랜드에도 '롤리'라는 이름을 넣어야겠다 생각했고요.

브랜드 이름을 만들 때는 3가지를 중요하게 생각했어요. 일단 누구든 쉽게 읽을 수 있어야 해요. 두 번째는 내가 하는 일의 의미와 우리가 말하고자 하는 메시지를 담고 있어야 해요. 세 번째는 나만 쓸 수 있는 이름이어야 해요. 이 3가지를 염두에 두고 브랜드 네임을 고민했어요.

내가 하고 싶은 일은 결국 누군가를 행복하게 해주는 것이니 롤리라는 사람, 롤리라는 글자를 봤을 때 머릿속에 '행복'이라고 연관 검색어가 뜨면 좋겠다는 생각으로 고민했어요. 그러다 한번은 〈Oh Happy Day〉라는 팝송을 들었는데, 'happy' 자리에 '롤리'를 넣어보니 입에 잘 붙는 거예요. 주변 사람들 반응도 좋았고요. 이거다 싶었죠. 그렇게 딱 정하는 순간 이전에 생각했던 다른 이름들이 전혀 아쉽지 않았어요.

오롤리데이가 지난 9년간 밟아온 브랜드 개발과정에 대해 말씀해 주세요.

처음에는 정말 '장사하는 마음'으로 시작했어요. 남편과 제가 할 수 있는 범위 내에서 시작했는데, 생각보다 빠르게 알려졌어요. 사이드로 운영한 카페가 핫플레이스가 됐거든요. 외국인 관광객도 많이 오고요. 카페 덕에 빠르게 사업이 부스팅된 건데, 그게 제게는 힘들었어요. 오롤리데이 본질에서 벗어나는 일이었고, 내가 이 일을 지속할 수 있을지도 의문이었죠. 론칭하고 2~3년 차 정도 됐을 때 일이에요. 브랜드 아이덴티티가 완전히 잡히기도 전에 본 사업이 아닌 사이드 사업으로 유명해지니 주객전도가 된 느낌이 굉장히 힘들었어요. 카페로 돈을 많이 버는 삶은 내가 원하는 삶이 아니니까요. 저는 성향상 스스로 설득되지 않으면 잘하지 못해요. 개인적으로 몸도 아프고 처음 직원들을 고용하면서 생긴 일들로 마음도 많이 아팠던 시기인데, 저 스스로도 브랜드에 대해 정리가 되지 않아 과감하게 카페를 접었어요.

이후 상계동으로 이사하고 다시 시작하는 마음으로 흩어져 있던 브랜드 아이덴티티를 모으고 정리하는 작업을 진행했어요. 그때 정리했던 게 지금 사람들이 알고 있는 오롤리데이 무드가 됐어요. 로고, 컬러, 폰트 등 그때 정해진 게 많아요. 사실 3년 차에 다시 태어났다고 봐요. 첫 번째는 장사, 두 번째는 브랜드 개념으로 태어난 거죠. 그 사이에 또 다른 카페도 해보고, 식당도 해보고, 제가 해보고 싶은 것들은 다 해봤어요. 그러면서 이건 나랑 안 맞는구나 하고 접기도 했죠. 그 과정에서 직원들도 많이 모였고 팬들도 점점 많아졌어요.

그 후 조직이 커지면서 6~7년 차쯤에는 '내가 과연 좋은 리더인가?'라는 질문을 많이 던졌어요. 직원 6~7명쯤 됐을 때인데, 저 혼자 많이 힘들었어요. 리더십과 회사가 나아갈 방향에 대해 고민한 끝에, 장사와 브랜드를 넘어 하나의 기업이 되자는 지향점이 생겼어요. 그러면서 매출도 직원도 많이 늘었고요. 신기하게 제 생각 하나가 바뀌니 회사가 많이 바뀌더라고요.

장사, 브랜드, 기업, 오롤리데이는 이렇게 3단계로 크게 변화해 왔어요. 최근에는 투자 유치를 위한 IR 준비를 하고 있습니다. 시작한 지 10년 됐는데 이제야 스타트업이 되는 과정에 있는 것 같아요.

이미 오롤리데이 브랜드를 단단하게 운영하고 계신데 투자를 받는 이유가 있으신가요?

지금까지는 받을 생각이 전혀 없었어요. 저희가 버는 돈과 은행 대출로도 충분히 투자할 수 있었거든요. 그런데 NFT를 시작하면서 사업에 대한 문이 머릿속에 활짝 열렸어요. 기존에는 제조업이 가장 큰 베이스였다면 앞으로는 사업 중 일부가 될 거예요. 그전에는 주변에서 투자 안 받냐고 해도 제가 설득이 안 됐는데, 이제는 오롤리데이가 더 멋지게 성장하려면 외부 투자가 필요하겠다고 생각하게 된 거죠.

무엇이 사람들로 하여금 오롤리데이를 좋아하게 만들까요?

오롤리데이의 '진심'이라고 생각해요. 요새 브랜드들은 다들 잘하고, 다 열심히 해요. 여기서 저희만의 차별점은 진심, 정말 진심이에요. 저도, 저희 팀원들도 남의 행복에 굉장히 진심이에요. 오롤리데이 콘텐츠, 예컨대 뉴스레터만 봐도 고객 행복에 진심이 아니면 쓸 수 없는 내용이에요. 고객 이벤트를 하면 당첨자가 10명이든 30명이든 50명이든 일일이 손편지를 보내요. 그런 모습을 소비자가 보았을 때 진심이 느껴지는 거죠. 이제는 아주 작은 회사도 아닌데 변함없이 고객 한 명 한 명에게 신경쓴다는 걸 한번 경험하면 저희를 좋아하지 않을 수 없어요. 그런 분들이 친구에게 저희를 소개하고, 선물 살 일 있으면 오롤리데이에서 사면서 계속 저희를 퍼뜨려주세요. 고객이 오롤리데이 마케터가 되는 거죠. 저희는 현재 퍼포먼스 마케팅을 따로 하지 않아요. 그전에도 마케팅에 돈을 많이 쓰지도 않았고요. 대신 진심을 다하는 마케팅을 했어요. 곧바로 성과도 안 나고 시간도 오래 걸리고 가끔은 지치기도 하는 어려운 마케팅이죠. 정말 열심히 준비한 캠페인인데 결과가 숫자 같은 걸로 확 나오지도 않고, 반응이 뜨겁지 않을 때도 있어요. 그렇지만 결국 1년 후, 2년 후에라도 고객의 사랑, 성과로 돌아오더라고요.

그리고 진심을 잘 전달하는 것도 능력이에요. 되게 열심히 하는데 결과치가 잘 나오지 않는 분들은 진심을 드러내는 능력을 키워야 하겠죠. 그렇다고 너무 드러내기만 하면 진심이 없다고 여길 수 있으니 밸런스가 중요한 것 같아요.

오롤리데이를 아무도 모르던 초기에는 어떻게 팬들을 만드셨나요?

롤리로부터 이야기를 시작해야겠네요. 그림 한 장은 그냥 메모이고 드로잉이에요. 그런데 비슷한 분위기의 메모가 100개 모이면 시리즈가 되고 작품이 돼요. 이걸 인스타그램을 하면서 많이 느껴요.

처음부터 롤리라는 퍼스널 브랜딩을 하려던 건 아니었고, 원래 기획자 마인드가 조금 있어서 기왕 뭘 한다면 재미있게 기획을 넣어서 하는 걸 좋아했어요. 롤리가 유명해진 건 밥상 사진을 업로드할 때 '롤리식당'이라는 해시태그를 달면서부터예요. 제가 집에서 사업할 때였는데, 요리하는 걸 좋아하고 매일 하는 요리를 우리만 보기 아까워 '롤리식당'이라는 해시태그로 올렸어요. 그런데 이걸로 사람들이 많이 유입되더라고요. 그게 재밌어서 음료를 만들면 '롤리다방', 그림 그리면 '롤리그림'이라고 올리면서 사람들이 기억할 수 있는 저만의 무언가를 만들었죠. 그랬더니 자연스럽게 브랜딩이 되더라고요. 처음에는 제가 SNS에 올리는 이미지와 취향에 공감하는 사람들이 모였어요. 그리고 제가 SNS에 솔직하게 글을 쓰니 저와 결이 맞는 사람들만 남게 됐고요. 그분들이 제가 브랜드를 만드니 '롤리가 하는 거니 한번 사봐야지'라면서 사주셨어요. 그분들에게 정성껏 포장해서 보내드리고, 손편지를 대신 써달라는 부탁도 들어드렸어요. 그런 진심으로 초반에 팬이 생겼어요. 지금은 회사가 커지고 직원들도 많아지고 비주얼 면에서도 발전했지만, 오롤리데이의 핵심은 변한 게 없어요. 이런 한결같음을 팬들이 좋아해 주시지 않나 싶네요.

일러스트를 기반으로 하는 작가나 브랜드가 많은데, 오롤리데 이처럼 브랜드와 사업이 함께 확장하고 지속되는 사례는 많지 않아요. 오롤리데이의 성장 비법은 무엇일까요?

기업가 마인드가 있는지 없는지의 문제라고 생각해요. 저는 브랜드의 가장 큰 핵심이 '지속성'이라고 생각해요. 하나의 맥락을 계속 유지하며 성장할 수 있는지가 '지속성'이에요. 지속성을 만드는 것이 '기업가 마인드'고요. 이 마인드가 있어야 브랜드가 시작할 때의 맥락을 고도화하면서 꾸준히 성장할 수 있어요. 저보다, 오롤리데이보다 그림 더 잘 그리는 작가들이 세상에 너무 많잖아요. 일러스트 페어 가면 수백수천 개의 브랜드가 있어요. 인큐베이팅되는 팀들도 정말 많은데, 10년 이상 유지되는 팀은 많지 않아요. 자본의 문제인가 싶지만 오롤리데이도 10년 동안 외부 자본 없이 컸어요. 50만 원도 안 되는 돈으로 시작해 지금은 50억 매출을 바라보고 있어요. 이건 단순히 자본의 문제가 아니에요. 결국 브랜드를 시작한 사람이 더 나은 미래를 보고 가야 해요. 그 과정에서 조직을 키우는 데 겁을 내거나, 아티스트 마인드에 머물러 있는 분들은 크게 성장하기 힘들 거라 생각해요.

비전 차이도 있다고 봅니다. 저희는 처음에 제조업 기반으로 성장했어요. 그런데 열심히 성장하는 중에 갑자기 고민이 생기더라고요. '우리가 과연 제조업에서 최고가 되고 싶은 건가? 아니라면 제조업 그다음 스테이지는 뭘까?' 하고요. 항상 이다음엔 뭘 하지? 우리 팀원들을 어떻게 동기부여하지? 이걸 계속 고민해요. 제조업으로 어느 정도 성장하고, 콘텐츠로 웬만큼 다 구현할 수 있게 되면서 이런 고민을 굉장히 많이 했어요. 이다음에 무엇을 해야 우리 팀원들이 또 성장 욕구를 불태우고, 나도 그 욕구가 올라올지 고민하던 찰나에 든 생각이 있어요. 누군가를 행복하게 해준다면 뭐든 할 수 있으니까, 멀리 내다봤어요. 지금 초등학생, 유치원 아이들이 커서 주 소비층이 되었을 때, 그 아이들은 현실세계를 넘어 메타버스에 있을 수 있어요. 요새 초등학생, 중학생들은 이미 제페토, 로블록스 같은 가상세계에서 놀아요. 그럼 그 가상세계에서 '해피어'의 가치를 퍼뜨리는 해피어타운 같은 가상공간을 만드는 거죠. 가상세계에서도 행복을 퍼뜨리는 일을 우리만큼 잘할 수 있는 브랜드가 있을까? 이런 생각이 갑자기 드는 거예요! 그 생각과 동시에 NFT 프로젝트에 도전을 시작했고, 아예 새로운 분야로 확장하면서 비즈니스 마인드와 시야가 훨씬 더 크고 넓어졌어요.

오롤리데이는 어떤 브랜드로 성장하고 싶나요?

나이키 같은 브랜드가 되고 싶어요. 나이키는 전 세계 남녀노소 차별 없이 즐길 수 있는 브랜드예요. 취향, 나이, 계급에 상관없이 모두가 좋아하는 브랜드죠. 나이키가 최근 미국에 있는 NFT 제작사 아티팩스를 인수했어요. 그 모습을 보면서 나이키는 정말 앞을 내다보며 나아가고, 동시에 나이키만의 것을 유지하고자 노력한다는 생각을 했어요. 오롤리데이가 말하는 행복은 어느 누구의 전유물이 아니에요. 우리도 나이키처럼 남녀노소 전 세계 모든 계층의 사람들이 우리를 만나서 행복을 느끼고 즐기고 공감할 수 있는 브랜드로 성장하고 싶어요.

오롤리데이는 인터널 브랜딩이 잘돼 있다고 알려져 있죠. 그 비법과 대표님만의 조직 관리 방법이 궁금해요.

저희는 정말 벽이 없어요. 저희 팀이 현재 25명 정도인데, 일단 제가 직원들에게 거리감을 주지 않아요. 주말에도 만나서 놀고요. 요새 가장 친한 친구가 누구냐 물으면 직원이라고 말해요. 제가 시간을 가장 많이 보내는 회사인데 이곳이 재미없고, 직원들과 사이가 좋지 않고, 노는 게 재미없으면 진즉 이 브랜드를 접지 않았을까 싶어요. 그런데 직원들과 같이 놀고, 춤추고, 노래 부르고, 등산 가고 이런 게 너무 재미있어요.

오롤리데이의 코어밸류는 '성장하자, 솔직하자, 협력하자, 행복하자', 이 4가지예요. 코어밸류 세부사항도 매우 디테일하게 설명하고 계속 강조해요. 누군가 어떤 잘못을 했다고 하면 코어밸류를 근거로 이야기해요. 브랜드 미션 보드에 미션, 비전, 코어밸류를 적어두고 모두가 미션을 기억하고, 비전을 바라보며 행동하고, 코어밸류를 꼭 지키자고 이야기하니 서로 벽이 있을 수 없어요.

'선샤이닝'도 중요해요. 선샤이닝은 뭔가를 잘못했을 때 공개적으로 사과하고 다음엔 같은 실수를 하지 않겠다고 약속하는 과정이에요. 저도 실수했을 때 '저 이번에 이거 실수했어요. 미안합니다. 다신 똑같은 실수를 하지 않을게요!'라고 선샤이닝해요. 창피함 같은

오롤리데이 캐릭터, 못나니즈 (출처 : 오롤리데이)

오롤리데이 오프라인 매장, 해피어마트 (출처 : 오롤리데이)

오롤리데이 NFT 프로젝트, 해피어타운 (출처 : 오롤리데이)

건 없어요. 덕분에 숨기려는 마음이 없어져서 불필요한 에너지를 쓰지 않아도 돼요. 사람들은 보통 비난받을 게 두려워서 잘못한 걸 입 밖에 내기 어려워하는데 저희는 그러지 않기로 큰 약속을 했어요. 대표인 제가 먼저 시작하니 서로 마음에 담아두는 부정적인 감정들이 사라지고, 팀워크가 다져지더군요.

인터널 브랜딩을 위해서는 '채용'도 중요하죠. 오롤리데이만의 채용 방식과 기준에 대해 말씀해 주세요.

저희는 '결'을 봐요. 취향보다는 결이 더 중요하다고 생각해요. '결'이란 건 한 단어나 문장으로 정의하긴 어려운, 무척 미묘하고 감각적인 부분이에요. 내가 무엇을 중요하게 생각하는지 알아야 그 미묘하고 감각적인 부분을 파악하고 물어볼 수 있어요.

저희는 스스로에 대해 잘 알고, 무엇이 부족하고 어떻게 성장할지 알고 꾸준히 노력하는 사람, 즉 자기객관화가 잘됐는지를 가장 중요하게 봐요. 이력서나 자기소개서는 받지 않고, 대신 필수 질문 리스트가 있어요. 직군마다 다르지만 문항이 20가지가 넘어요. 강점, 약점, 단점, 장점, 스트레스 받는 부분 등에 대해 많이 물어보죠. 그리고 해왔던 경험, 실패 후에 어떻게 나아갔는지 많이 물어보고요. 그다음에 오롤리데이에 대한 질문들을 해요. 답변의 내용이 적고 많고보다는 오롤리데이에 얼마나 진심인지, 스스로에 대해 얼마나 알고 있는지를 중점으로 봐요. 그렇게 필수 질문으로 1차를 보고, 2차로 영상 면접을 봐요. 영상 면접도 대면 면접만큼 자세히 봐요. 이후 실제 만났을 때의 느낌을 보고 채용을 최종 결정해요. 이렇게 다양하게 질문한 덕분에 채용 리스크가 거의 없어요.

오롤리데이라는 브랜드의 대표인 '롤리'와 개인 '박신후'가 겪는 충돌은 없나요?

한 번도 없었어요. '박신후'라는 사람 자체가 '오롤리데이'라는 브랜드에 많이 투영됐거든요. 그래서 제 자아 성장에도 도움이 많이 됐고요. 오롤리데이의 코어밸류가 제가 지향하고 싶은 삶의 모습이더라고요. 코어밸류를 정해놓고 저도 그에 맞춰 살아가겠다고 생각한 게 브랜드와 개인 모두에게 시너지 효과를 내고 있어요.

다만 이제 제 인스타그램은 마냥 저만의 것이 아니에요. 그래서 인스타그램에 콘텐츠를 업로드할 때 고민하다가도, 내가 사는 모습이 오롤리데이스러운 삶이 맞다면 굳이 정제할 필요가 있을까 생각해요. 팔로어 수 같은 것에 연연하지 않고 제 모습대로 편하게 살려고 해요.

최근에 사업을 확장하시면서 지치는 점은 없었나요?

안 지쳤다면 거짓말이고요. 당연히 체력적으로 지치지만, 정신적으로는 지치는 게 없어요. 너무 재밌어요. 사업가 체질인 거죠. 제가 잘하고 재미있어하는 일을 하고 있고요. 저는 제가 계속 성장해야 재미를 느껴요. 오롤리데이 비전이 '우리가 누군가의 삶을 더 행복하게 만들 수만 있다면 그게 무엇이든 도전하자'예요. 저 또한 최악의 경우를 생각하지 않고 도전하는 사람이에요. 이런 부분인 오롤리데이 정신과 잘 맞아요. 이렇게 브랜드를 하면서 돈 버는 것 이상의 자아실현을 하고 있으니 즐겁죠. 물론 번아웃도 1년에 한 번 정도 오는데, 이젠 번아웃도 자연스럽게 받아들이는 것 같아요. 저는 오히려 직원과의 사소한 마찰이 생기거나 직원 표정이 안 좋으면 힘들어요. 인스타그램 해킹, 중국 상표 도용 같은 대형 사건에는 오히려 무덤덤하죠. 다행히 지금 팀 구성원들 모두 합이 잘 맞아 스트레스도 없고, 마음의 안정을 찾았어요.

많은 사장님이 SNS의 필요성과 중요성을 알면서도 막상 운영은 어려워하세요. SNS를 꼭 해야 할까요? 그리고 어떻게 운영해야 할까요?

SNS는 무조건 해야 한다고 봐요. 못하는 게 아니라 안 하는 거라고 생각해요. 사진만 올리면 되는데요. 못하는 일도 해야 하는 게 사업이에요. 저는 디자인처럼 남에게 보여주는 일에 강점이 있는 대신 회계 같은 부분은 약한 편이에요. 그런데 저와 반대의 성향을 가진 대표라면, 숫자와 정리에 밝고 꼼꼼하지만 SNS는 어려울 수도 있죠. 하지만 그렇다고 '나는 SNS 못해서 안 해'라고 하는 건, 제가 회계 못하니 안 한다고 하는 것과 비슷하겠죠? 못한다고 하지 않는 건 엄청난 리스크예요. 물론 회사를 안정적으로 키워서 그 자리에 맞는 전문인력을 배치하는 것이 가장 좋은 방법이에요. 하지만 그 전까지는, 못해도 열심히 해야 하는 게 작은 브랜드 대표의 숙명인 것 같아요.

SNS 운영에 대해 팁을 드리면, 저처럼 브랜드와 개인이 동일시되면 좋겠지만, 그게 아니라면 브랜드 자아와 세계관을 SNS에 먼저 세팅하세요. 내 브랜드를 하나의 인격체라 생각하고 '이 사람은 어떤 옷을 입을까, 어떤 색을 좋아할까, 어떤 말투를 쓸까, 어떤 식으로 사람들을 대할까' 같은 아이덴티티를 정리해두세요. 그 기준을 잃지 않고 꾸준히 전달하면 브랜드 톤앤매너를 잘 보여줄 수 있어요. 그런 기준 없이 남들을 따라 하면 내 것이 될 수 없어요. 요새 SNS 피드를 보면 다 예쁘지만, 영혼이 있는 피드를 찾기가 의외로 힘들다고 생각해요. 영혼이 있는 피드는 결국엔 '팬'을 만들 거예요.

그리고 SNS가 반드시 예쁠 필요는 없어요. 저희 팀원들에게도 '예쁘게 보여주기보다 우리가 말하려는 메시지를 정확하게 전달하자'고 항상 말해요. 전 SNS 포스팅 하나하나를 광고구좌라고 생각해요. 이만 한 공짜 광고가 없는데, 의미 없고 예쁘기만 한 사진을 올리는 건 손해 아닐까요? 그보다는 사람들의 시선을 끌 수 있는 이미지, 매력적인 카피와 문장을 연구하는 게 맞다 싶어요. 전체적인 피드의 아름다움에 과도하게 신경쓰기보다는 포스팅 하나하나에 에너지를 쓰는 게 맞다고 생각해요. 멋진 나무 하나하나를 심어가는 전략이죠.

남들이 하는 예쁜 이미지에 현혹되지 말고, 진짜 자신의 이야기를 하세요. 자기 이야기를 솔직하게 하는 것이 더 먹히는 세상이라고 생각해요. 이제는 잘하는 사람이 너무 많으니까요.

**사업을 하다 보면 여러 이유로 대표님 생각이 고객 니즈나 상황
과 부딪힐 때가 있죠. 이런 경우 어떻게 조율하시나요?**

저는 스스로 완전히 설득되면 사람들 말에 흔들리지 않아요. 이 일로
큰돈을 버는 것도 중요하지만 제 자아실현, 우리 브랜드의 자아실현
이 가장 중요하니까요. 흔들리진 않지만 설득된 적은 물론 있죠. 그
때는 그 내용을 저희 식으로 풀어내는 게 오롤리데이의 역할이에요.

오롤리데이 다이어리만 해도 연구를 많이 했고, 9년 동안 이것
만큼은 바뀌지 말아야지 했던 것들이 있어요. 그런 것들은 고객 의견
이 들어와도 바꾸지 않았어요. 예를 들어 저희 다이어리는 첫 칸이
월요일이에요. 기존의 다른 다이어리들은 일요일부터 시작하는 경
우가 많잖아요. 네이버 달력이나 구글도 그렇게 세팅되어 있고요. 그
래서 일요일로 시작하게 해달라는 분들이 있었어요. 하지만 오롤리
데이는 주간과 주말 스케줄을 편하게 관리하기 위해 만든 다이어리
예요. 그러니 우리와 같은 니즈를 갖고 계신 고객들이 모이는 거죠.
물론 반영해도 좋겠다 싶은 의견은 반영해 업그레이드하고요.

저희 디자이너들에게도 멋진 것, 예쁜 것이 아니라 저를, 스스
로를 설득할 수 있는 것을 하라고 말해요. '누군가에게 PT한다 생각
하고 제품을 만들자', 이 얘기를 항상 해요.

대표님이 생각하시는 브랜드, 브랜딩이란 무엇인가요?

하나의 모습이 점점 선명해지는 과정이 브랜딩이라 생각해요. 핵심
은 '진짜 모습'이에요. 진짜 모습이 아니면 선명해지기가 힘들어요.

선명해진다는 것은 곧 꾸준히 지속했다는 말이죠. 오롤리데이라는 팀도 큰 눈덩이를 매년 정교하게 조각하면서 점점 더 선명해지는 중이에요. 처음에는 눈덩이였다면 지금은 코도 나오고, 입도 생기고, 선명해지고 있죠. 저희가 진짜 저희 모습을 추구했기에 이렇게 지속할 수 있었고, 정교해지지 않았나 싶네요. 만약 저희의 진짜 모습을 만들려고 노력하지 않았다면, 이미 포기했거나 그 모습이 계속 바뀌는 바람에 사람들에게 신뢰를 주지 못했을 거예요.

브랜드를 만들고 싶은데 망설이는 분들에게 조언하신다면요?
저는 무조건 시작해 보라고 해요. 제가 식당도 해보고 카페도 해봤잖아요. 해보기 전에는 몰랐어요. 다 잘할 줄 알고 다 재밌게 할 수 있을 줄 알았죠. 막상 해보니 아니더라고요. 생각보다 못하고, 너무 힘들고, 잘하려면 엄청난 스트레스와 체력이 동반돼야 했어요. 그 일은 내 업이 아니라는 걸 실패를 통해 알았어요.

그렇지만, 지금 와서 생각해요. 그때 안 했으면 제 성격상 쉰 살에라도 했을 거예요, 하하. 결국은 하지 않은 일을 평생 마음에 두고 후회하며 살 것이냐, 해보고 실패하고 잊을 것이냐의 문제죠. 두고두고 마음속에 미련처럼 남을 거라면 해보는 게 좋아요. 그리고 다들 참 빨라요. 내가 생각한 아이템은 남들도 다 해요. 그러니 고민할 시간에 그냥 해보는 게 중요해요.

단, 성공한다는 보장은 없어요. 실패를 각오하는 용기가 정말 필요한 것 같아요. 워런 버핏도 실패한 투자가 많은데, 사람들은 성공한 모습만 기억해요. 실패는 혼자의 기억으로 남고, 데이터로 쌓여요. 그 데이터가 내가 정말 하고 싶은 일이 생겼을 때 엄청난 자산이 되죠. 저도 살면서 도전한 게 큰 자산이에요. 물려받은 것도 없고, 맨땅에 헤딩하면서 살아왔지만 제가 한 경험, 그 경험은 돈 주고도 사지 못할 자산이에요. 그러니 작게라도 무조건 시작해 보라고 하고 싶어요.

실패가 두려워서 못할 수 있어요. 그리고 지금 갖고 있는 걸 내려놓기 아까워 도전을 망설이는 경우도 있죠. 내려놓지 못한다는 건 그만큼 절실하지 않은 것이고, 현재 상황이 자신에게 맞을 수도 있다고 생각해요. 제가 회사 다니면서 남편 사업 도울 때 남편이 그랬어요. "나 너 월급 못 준다." 전 그래도 상관없다고 했어요. 자취생에 돈도 없었지만 정말 하고 싶었거든요. 사람은 정말 하고 싶은 일이 생기면 할 수밖에 없다고 저는 생각해요.

오롤리데이처럼 자기다운 브랜드를 만들고자 하는 사장님들에게 조언해 주신다면?

자신에게 질문을 많이 던지세요. 브랜드를 잘 만들고, 오래 지속하려면 자신에 대한 이해가 가장 중요해요. 스스로에 대해 명쾌해지면 그때 시작해 보라고 하고 싶어요. 고객을 설득하려면 자신을 설득해야 하고, 그러려면 스스로 질문을 많이 던져보면서 자신에 대해 알아가야 해요. 만약 지금 브랜드를 꾸려나가는 데 혼란스럽거나 방황하고 있다면 무엇 때문에 힘들고 혼란스러운지 질문을 던져보세요. 저는 항상 그 과정 끝에서 답을 찾았어요.

번아웃이 왔을 때도 그랬죠. 번아웃이라는 게 내 그릇을 넘쳤기 때문에 오는 병이잖아요. 내 능력을 넘어갔기 때문에 생기는 거라면 내 능력에 맞게 일을 조정하거나, 이 일을 다 담을 만큼 내 능력을 키우는 방법밖에 없어요. 문제를 해결하려면 무엇이 문제인지부터 잘 파악해야 해요. 체력적으로, 정신적으로 힘들어지면 모든 것이 어려워지니, 차분히 질문하면서 접근하라고 말해 주고 싶습니다.

최근 일반인이 출연하는 연애 프로그램이 인기를 끌고 있다. 잠시 우리가 연애 프로그램에 출연했다고 상상해 보자. 당신은 가장 인기 있는 출연자이고, 무려 3명의 이성이 첫 만남에서 자신을 어필해 온다.

A : 제 매력은 잘 모르겠지만, 친구들 중에서 가장 괜찮다는 소리를 종종 듣습니다. 상대를 편안하게 해주는 성격이라는 말도 많이 들어요.

B : 저는 A씨보다 상대를 더 편하게 해줄 수 있어요. 유행에 민감하고 휴일에 핫플레이스에 가는 걸 즐겨요. 스타일도 유행에

브랜드는 '자기다움'을
찾는 데서 시작된다

뒤처지지 않고요.

C : 저는 사진을 잘 찍고 요리하는 걸 좋아해요. 데이트를 한다면 예쁜 사진도 찍고 맛있는 요리도 해주며 추억을 만들어가고 싶어요. 유행도 좋고 핫플레이스도 좋지만 조용하고 자연스러운 분위기를 선호해요. 그래서 스타일도 이왕이면 자연스러운 쪽을 추구합니다.

여러분이라면 어떤 이성을 선택하겠는가? 아마 이 소개만 봐서는 많은 이들이 C를 선택하지 않을까. 자신을 잘 아는 사람, 자기 생각과 행동이 뚜렷한 사람만큼 매력적인 사람은 없으니까. B는 첫 만

남부터 A와 비교하며 자신을 어필하는 모습이 그리 좋아 보이지 않는다. A는 (일부러 자신의 매력을 숨기는 게 아니라면) 자신을 소개하는 내용이 지극히 무난해 특별한 인상을 주지 못한다.

브랜드가 고객과 관계를 맺는 방식도 사람과 사람의 그것과 크게 다르지 않다. 아니, 같다고 봐도 무방하다. 다른 브랜드와 비교하며 고객에게 다가가는 것은 여러모로 바람직하지 않은 선택이다. 특정 대상과의 비교가 아니라, 우리 브랜드만의 '자기다움'을 말해야한다.

자기다움은 브랜드만의 생각, 문화, 스토리, 공간, 비주얼 등 브랜드가 지닌 고유의 정체성이다. 우리가 자신의 정체성을 토대로 삶의 이유를 깨닫고 삶을 개척하며 살아가는 것처럼 브랜드의 자기다움을 발견하는 일은 브랜드로 살아가는 첫 관문이 된다.

자기다움을 발견한 가게는 자연스럽게 브랜드 정체성과 존재이유에 맞춰 자신의 가게를 운영한다. 이 과정에서 브랜드 컨셉은 정체성에 맞게 더욱더 공고해진다. 공고한 컨셉은 고객이 우리 브랜드를 인식하게 하고, 우리를 선택해야 하는 이유를 제공함으로써 구매와 반복구매를 낳는다.

자기다움이 있으면 무엇이 좋을까?

자기다움이 없는 가게들은 우리가 옆집보다 맛있다, 가격이 싸다는 식의 어필을 하게 된다. 물론 아예 잘못된 방식은 아니지만, 기

70

해방촌에 위치한 심야식당, '기억' (출처 : 더워터멜론)

준을 자신이 아닌 다른 가게에 두면 스스로 무한경쟁의 굴레에 빠지는 셈이다. 더 자극적인 광고 멘트, 더 많은 광고비, 의미 없이 예쁘기만 한 디자인, 유행하는 메뉴 추가 등 가게의 존재이유를 잊어버리고 기준 없이 가게를 운영하게 된다.

자기다움이 명확한 가게는 이런 굴레에 빠지지 않는다. 경쟁 대신 명확한 정체성을 토대로 고객에게 우리 가게를 선택해야 하는 이유를 제시한다. '다른 가게보다 나으니까 우리 가게로 오세요'가 아니라 '우리만의 컨셉이 궁금하다면 우리 가게에 오세요'라고 말한다.

해방촌에 심야식당 '기억'이라는 가게가 있다. 그 이름에 걸맞게 따뜻한 기억만을 가져갈 수 있는 공간이라는 장사 목표를 가진 이자카야다. 토마토로 만든 귀여운 애피타이저로 시작하는 즐거움, 내가 마실 술잔을 직접 고르는 재미, 친절하지만 과하지 않은 응대 매너, 수제 아이스크림으로 달콤한 마무리까지 가게의 모든 요소가 따

다른 매장과의
차별화를
만들어줘요.

가게
의사결정의
기준이 돼요.

가게에 자기다움이 있으면 무엇이 좋나요?

우리 가게의
브랜드 자산을
쌓을 수 있어요.

뜻한 기억을 만든다.

　언제 찾아도 한결같은 분위기와 서비스, 음식으로 따뜻한 기억을 선사하기에, 해방촌에 즐비한 가게들 사이에서도 유독 이 가게가 기억에 남고 다시 가고 싶어진다. '기억'이라는 명확한 브랜드 컨셉을 고객에게 인식시키는 데 성공한 것이다. 해방촌의 다른 가게들을 의식해 펍의 분위기를 연출하거나, 해방촌이라는 이유로 외국어로 도배된 광고를 하거나, 국적불명의 요리를 내놓는다면 이 가게가 추구하는 따뜻한 기억이 만들어졌을까?

　'자기다움'을 갖고 그것에 집중하는 가게는 그 자체로 다른 가게들과 차별화될 수밖에 없다. 고객의 선택을 받는 것도 자연스러운 귀결이다.

자기다움을 찾는 3가지 질문

자기다움은 스스로 질문을 던지고 답을 구하는 과정에서 정리된다. 너무 당연해서 미처 생각지 못했던, 가게에 대한 본질적 질문을 스스로 묻고 답하는 과정에서 자기다움을 찾을 수 있다. 실제 아보카도가 사장님의 브랜드를 개발할 때도 답을 찾아주기보다는 사장님 스스로 답할 수 있게 질문을 던진다. 다음은 자기다움을 찾는 대표 질문 3가지다.

사장님을 위한 질문

1. 왜 창업하셨어요? 사업하는 이유가 무엇인가요?

2. 왜 이 아이템을 선정하셨어요?

    이걸 통해서 고객들에게 어떤 가치를 주고 싶으세요?

3. 고객은 왜 우리 가게에 와야 하나요?

    왜 우리 제품을 사야 하나요?

당연하다는 생각은 버리자. 모든 것에 '왜'를 붙이는 습관이 필요하다. 왜 우리 가게여야 하지? 왜 이 메뉴여야 하지? 왜 손님들이 다른 가게가 아니라 우리 가게에 와야 하지? 처음부터 명확하게 답이 나오지 않는다고 괴로워하지 마시라. 집요하게 생각하다 보면 답이 나온다.

한 가지 팁을 드리면, 머릿속으로만 생각하지 말고 직접 손으로 써보자. 손으로 쓰다 보면 머릿속 생각도 정리되고, 쭉쭉 가지치기하며 생각을 적어가다 보면 어느 순간 자기다움이 종이에 쓰여 있을 것이다.

하남시에서 부모님과 함께 '국보족발'이라는 가게를 운영하는 사장님을 만난 적이 있다. 사장님은 사업과 브랜드에 대한 고민을 담담하게 털어놓았다. 먹거리 상권에서 떨어진 외곽에 있는 터라 고객이 찾아와야 하는 특별한 이유가 필요하다는 고민이었다. 우리는 자기다움에서 그 이유를 찾기 위해 사장님에게 계속 질문을 던졌다. 처음에는 여느 사장님들처럼 차별화 포인트가 없다고 했지만, 결국 그는 질문들의 답을 직접 써보면서 자기다움을 찾아갔다.

- 40년 넘게 정육점에서 일하며 고기 마스터가 된 부모님과 어린 시절부터 소, 돼지가 익숙한 딸이 함께하는 족발집.
- 한국인은 '국물빨'이죠! 돼지족발에 돼지국밥 국물이 제공되는 푸짐한 족발집.
- 왜 채식주의만 있어야 하나요? 육식주의도 많이 생겼으면 좋겠다는 것이 사장님의 희망.
- 궁극적으로 고기를 더 공부해 전문성을 키워 다양한 브랜드를 만들고 싶은 것이 목표!

사장님의 답변 속에서 찾아낸 국보족발의 자기다움은 '정육 마스터'였다. 그에 맞춰 '정육 마스터! 세상의 모든 육고기'라는 한 줄로 가게를 정의했다. 그 후 사장님은 '정육 마스터'라는 자기다움을 기준 삼아 가게를 운영하고 있다. 사장님의 꾸준한 실행력과 명확한 자기다움이 만난 덕분일까, 코로나19 등 어려운 외부 상황에도 가게 운영이 위축되기는커녕 확장 이전을 계획 중이라는 반가운 소식이 들려왔다.

사장님은 자기다움을 정립하지 않았다면 남들이 다 하는 것, 좋아 보이는 것을 찾아서 기준 없이 가게를 확장했을 텐데, '정육 마스터'라는 기준으로 일관되게 밀어붙이니 가게 운영이 한결 수월해졌다고 했다. 현재는 '백정의딸'이라는 이름으로 브랜드를 확장해 운영하고 있다. 직원들도 우리가 왜 이 일을 하고 가게의 목표가 무엇인지 알게 되어 일하는 시간이 즐거워졌다고 하니 역시 자기다움의 발견은 모든 브랜드의 출발이자 완성인 셈이다.

앞의 3가지 질문에 답해 우리 가게의 자기다움을 찾았다면, 여기서 멈추지 말고 자기다움을 기준으로 우리 가게의 '브랜드 운영 기준'을 만들어보자. 간단히 설명하면 우리 가게가 해야 할 것, 하지 말아야 할 것들의 리스트를 만드는 일이다.

최근에 만난 사장님 한 분이 고민을 털어놓았다. 혼자 가게를 운영하기 벅차서 직원을 채용하려는데, 사장님이 직접 챙기지 않으면 자칫 가게가 처음과 달라지지 않을까 하는 걱정이었다. 비슷한 맥락으로, 장사가 잘돼 지점을 확장했더니 분점은 본점만 못하다는 피드백이 나오면서 본점 고객까지 줄어 고민이라는 사장님들도 적지 않다.

왜 이런 일이 생기는 것일까? 한 가지 원인 때문만은 아니겠지만, 핵심은 명확한 기준이 없기 때문이다. 기준이 없으니 직원들도 자기 생각, 태도, 취향 등을 가게에 반영할 수밖에. 자연히 고객들도 서서히 달라지는 가게의 정체성과 운영을 눈치채고 '처음 같지 않네?'라며 떠나버린다.

그렇지만 '자기다움'으로 가게의 의사결정 기준을 만들어두면 사장님이 없어도, 직원들이 일일이 확인받지 않아도, 사업을 확장해도 우리 가게에 맞는 방식으로 흔들림 없이 운영해갈 수 있다. 프랜차이즈의 본사 가이드를 상상해 보면 어떨까. 점주가 본사의 가이드를 충실히 지킴으로써 프랜차이즈 브랜드 이미지를 지킬 수 있는 것처럼 자기다움을 기반으로 우리 가게의 브랜드 운영 기준을 만들어보자. 자기다움을 기준으로 가게를 운영하다 보면 가게의 문화, 메뉴, 인테리어, 로고, 스토리, 슬로건 등 우리 가게만의 브랜드 자산이 자연스럽게 쌓인다. 자기다움을 통해 쌓인 브랜드 자산은 아주 단단한 우리 가게 브랜드로 이어진다.

작게는 우리 가게의 SNS 말투, 배달 어플 리뷰에 다는 댓글의 톤앤매너, 신메뉴 개발 시 고려할 사항, 이벤트나 마케팅에서 고려할 것들까지, 정해야 할 것들은 무궁무진하다. 나아가 브랜드 운영 기준이 있으면 채용 기준은 물론 사업 확장 시 어디에 2호점을 내야 하는지, 어떤 영역으로 확장하면 안 되는지 등 사업 기준을 세울 수 있다. 자기다움에서 시작한 단단한 브랜드 운영 기준은 어떠한 상황과 어려움에서도 우리 가게를 지켜줄 것이다.

법칙 4

　어느 날 유튜브에 한강에서 라면을 안주 삼아 소주를 마시며, 담담하게 자기 이야기를 털어놓는 한 남자의 영상이 올라왔다. 이 영상은 사람들의 폭발적인 공감을 얻었고, 업로드 2년 만에 조회수 200만 회를 넘었다. 과연 어떤 사연이기에?

　그는 어린 시절 네 식구가 지하 단칸방에 살았다고 한다. 오로지 성공하겠다는 생각 하나로 학교 대신 배달을 더 많이 가던 소년. 그렇게 쉴 틈 없이 일하다 보니 어느덧 소년에서 성인이 되었다. 군대 전역 후에 배달 곱창집을 차렸다. 그동안의 노력을 하늘이 알아준 것일까? 장사는 대박이 났다. 돈을 더 많이 벌 생각에 이번엔 치킨집을 시작한다. 처음에는 잘되지 않았지만 그에게는 성공하겠다는 절

브랜드와 고객을
맺어주는 것은 '이야기'다

실함이 있었다. 그 목표로 하루 20시간 넘게 가게에 매달렸다. 간절한 노력 덕에 손님은 하나둘 늘었다. 손님들도 줄을 서고, 프랜차이즈를 내달라는 사람들도 줄을 섰다.

남자는 곧바로 프랜차이즈를 내지 않았다. 1년 정도 프랜차이즈 사업을 공부했고, 그런 자신을 기다려준 정말 간절한 사람들에게만 프랜차이즈를 내주었다. 어느덧 그는 200개가 넘는 프랜차이즈 매장을 운영하는 어엿한 사업가로 성장한다.

그러나 앞만 보고 달려온 탓일까. 남자의 건강은 날씨가 궂으면 침대에서 일어나지도 못할 정도로 나빠졌다. 그러던 중 들어온 제안. "200억에 회사를 파시겠습니까?" 남자는 제안을 받아들여 사업을 매각한다. 200억이라는 숫자가 통장에 찍혔을 때, 그가 느낀 감정은 바로 '허탈함'이었다. 건강과 젊음과 맞바꾼 200억. 남자는 허탈감을 억누르며 200억을 고스란히 통장에 둔다. 현재는 건강 회복에 힘쓰는 한편 유튜브로 무료 컨설팅을 하며 사장님들을 돕고 있다.

이 이야기의 주인공은 3000만 원으로 장사를 시작해 200억에 매각한 '후라이드참잘하는집'의 은현장 전 대표다. 200억이라는 화려한 숫자에 감춰진 그의 이야기는 사람들의 마음을 움직였다. 이 영상이 올라오기 전, 그가 운영하는 '장사의 신' 유튜브 채널은 수많은 채널 중 하나였다. 그러다 유튜브를 그만두려던 즈음 올린 이 영상으로 2022년 말 기준 장사의 신 채널은 구독자 70만 명을 넘어서며 많은 소상공인을 돕는 콘텐츠로 인기를 끌고 있다.

브랜드에 이야기는 왜 중요할까?

굳이 이런 사례를 들지 않아도 이야기의 힘은 강력하다. 부력의 원리를 발견한 아르키메데스가 목욕을 하다 '유레카'를 외친 스토리는 누구나 기억하지만, 유레카를 외치며 발견한 공식과 원리를 기억하는 사람은 많지 않을 것이다. 참고로 아르키메데스의 원리는 '부력 $B(kg)=\rho(kg/m^3) \times g \times V(m^3)$'이라고 한다. 이 책을 다 읽고 나서 '유레카' 이야기가 기억날까, 부력 공식이 기억날까?

유발 하라리는 저서 《사피엔스》에서 인류가 다른 동물과 달리 상상하고 전달하는 능력이 있기에 생태계를 제패할 수 있었다고 말한다. 우리는 상상하는 능력으로 상상의 공동체인 민족을 만들고, 화폐에 가상의 가치를 부여한다. 이런 개념적인 것 외에도 상상은 일상에서 빈번하게 나타난다. 우리는 안타까운 뉴스를 보면 겪어보지 않아도 그 상황을 상상한다. 상상을 통해 타인의 처지에 공감하고 감정을 느끼며, 그 뉴스를 주변에 전하고, 재가공 콘텐츠를 만든다. 이렇게 겪어보지 못한 이야기를 상상하고, 감정을 느끼며, 새로운 이야기로 재생산하는 것은 인간의 본능이다. 이야기가 동서고금을 막론하고 강력한 힘을 발휘하는 것은 이 때문 아닐까?

이야기는 우리 삶뿐 아니라 브랜드에도 영향을 미친다. 아니, 상당히 중요한 역할을 한다. 요즘 서울의 핫플레이스 성수는 스몰 브랜드부터 명품 브랜드까지 다채로운 브랜드로 채워져 있다. 이런 성수에 문을 연 복합문화공간 LCDC SEOUL은 이야기를 담은 공간을 표방한다. LCDC는 'Le Conte Des Contes'의 앞 글자를 따서 지은 이름으로, 우리말로 하면 '이야기 속의 이야기'다. 이름처럼 다양한 이야기를 가진 브랜드가 모여 새롭고 매력적인 이야기를 펼쳐 나가는 공간이다.

브랜드에 '이야기'는 과연 어떤 의미와 역할을 할까?

첫째, 이야기는 고객이 브랜드를 쉽게 기억하게 하고, 입소문을 내기에 유리한 소스가 된다. 이야기에는 특정 상황과 등장인물이 등장해 맥락을 만든다. 그래서 단순한 텍스트나 이미지보다 더 기억하기 쉽고 퍼지기도 쉽다. 앞에서 말한 아르키메데스의 일화와 그의 공식을 떠올려보자.

예전에 친구와 전통주를 파는 술집에 간 적이 있다. 주류 리스트가 굉장히 긴 곳이었는데, 친구가 "어, 우렁이 술이다!"라며 우렁이 쌀 청주를 시키자고 했다. "우렁이술? 그게 뭐야?"라고 물어보니 우렁이를 논에 풀어 재배한 유기농 쌀로 만든 술이라고 했다. 양조장이 위치한 논산에서 재배한 우렁이쌀로만 만드는 청주이고, 잡초를 먹어치우는 우렁이 덕에 제초제를 뿌리지 않아 유기농이라 한다. 이런 이야기를 듣고 나자 우렁이술을 쉽게 기억할 수 있었다. 어느덧 친구들에게 "우렁이술이란 게 있는데, 우렁이 농법으로 생산한 쌀로 만든 술이래. 다음에 한번 마셔봐"라면서 자연스럽게 홍보하기도 했다.

광고비가 없거나 광고 예산이 적은 사장님들에게 바이럴 마케팅은 현실성이 높지 않은 방안으로 들리기 쉽다. 하지만 잘 만든 이야기는 고객 스스로 브랜드를 홍보하는 '아이템'이 된다. 무료로 입소문을 내고 싶다면 '이야기'에서 해법을 찾아보자.

둘째, 이야기는 고객이 브랜드의 진정성을 느끼는 매개가 되어 고객과 브랜드가 인간적인 관계를 맺도록 돕는다.

춘천에 위치한 '감자밭'이라는 브랜드를 아시는가? 감자와 똑같이 생긴 빵을 파는 브랜드다. 그냥 감자 모양의 빵을 파는 브랜드 같지만 들여다볼수록 더없이 매력적인 이야기가 있는 곳이다.

감자밭은 출발부터 남다르다. 어린 시절 왕따를 당했던 이 대표와 유기농 사과 명인에 등극한 청년 농부가 함께 만든 브랜드. 이들은 감자 종자의 다양성, 나아가 농업의 지속가능성 문제를 해결하고자 감자밭 브랜드를 시작했다. 농사지은 감자를 팔지 못해 갈아엎어야 하는 어려운 상황에도 그들은 포기하지 않았다. 그 결과 연매출 200억에 달하는 감자밭 브랜드가 탄생했다.

만약 이런 이야기 없이 '감자밭은 감자를 지키기 위한 브랜드예요'라고 외치면 사람들이 지금처럼 호응했을까? 앞서 말했듯 우리는 이야기를 통해 경험하지 못한 일을 상상하고 공감한다. 감자밭이 걸어온 이야기를 들으면서 우리도 모르게 감자밭 사장님이 고군분투하는 모습을 떠올리고 상상하게 된다.

'그냥 감자빵 파는 곳인 줄 알았는데, 가치관이 뚜렷하고 진정성 있는 브랜드네. 멋진 청년들이야. 괜히 응원하게 되네. 잘됐으면 좋겠다. 다음에 춘천 가면 꼭 가봐야지!'

이야기가 주는 상상의 힘 덕분에 마치 브랜드가 사람인 것처럼 그 브랜드에 공감하고 궁금함을 품고 응원의 감정을 갖게 되는 것이다. 브랜드에 감정을 느끼는 것은 고객과 브랜드가 인간적 관계를 맺었음을 뜻한다. 어디 그뿐인가. 이야기는 '고객 – 브랜드'라는 평면적 관계를 입체적인 관계로 만든다. 이야기에는 브랜드가 만들어지는 과정, 그 안에 담긴 창업자의 가치관 등 브랜드의 서사가 녹아 있다. 입체적 관계가 되면 고객은 브랜드를 볼 때 단순히 결과물인 상품이 아니라 '과정'을 보게 된다. 그럼으로써 브랜드에서 느끼는 진정성과 감정이 더 단단해지고 어느덧 브랜드를 응원하는 팬이 된다.

셋째, 이야기가 있으면 브랜드의 핵심 메시지나 정체성을 한결

쉽게 표현할 수 있다.

최근에 본 드라마에 있었던 에피소드를 한 줄로 말해 보자. 음, 이상하다. 점점 길어지지 않는가? 이렇게 하고 싶은 말을 한 문장이나 단어로 표현하기보다는 스토리텔링 형태로 말하는 것이 더 쉽다.

이야기로 브랜드의 핵심 메시지를 쉽게 표현한 사례를 살펴보자. '유동부치아바타'는 빵을 먹고 싶지만 건강상의 이유로 일반 빵을 먹지 못하는 사람들을 위한, 건강한 빵을 파는 브랜드다.

"30년 제빵 인생 중 어느 날, 건강했던 아들이 큰 수술을 받게 되었습니다. 그 후 아들은 즐기던 빵을 먹지 못했습니다. 그래서 사랑하는 아들을 위해, 아들이 마음 놓고 먹을 수 있는 빵을 만들게 되었습니다.

건강한 원재료들을 엄선하고, 저온숙성 과정을 거쳐 건강한 빵을 만들었습니다. 아들을 위해 만들었던 빵을 고객님들과도 나누고 싶습니다. 오늘도 소중한 사람들을 위해 빵을 만듭니다."

홈페이지에 소개된 브랜드 이야기에는 핵심 메시지가 잘 녹아 있다. 이 브랜드가 하고 싶은 말이 무엇인지 명확하게 느껴진다. 유동부치아바타가 하고 싶은 말을 이야기가 아닌 한 장의 그림으로 표현하려 했다면 어땠을까. '아들을 위해 빵 만드는 모습을 사진으로 찍어야 하나? 그러면 아들을 위한 빵인 걸 어떻게 알지?'라는 고민이 꼬리에 꼬리를 물고 이어지며 쉽게 표현하지 못했을 것이다.

이야깃거리는 어디에나 있다

그렇다면 이제 브랜드 이야기에 들어갈 '이야깃거리'를 찾아보자. 일단 한번 써보자. 이야깃거리가 잘 떠오르는가? 아니면 특별한 게 없어서 막막한가? 경험상 후자가 대부분일 것이다. 그렇다면 이런 예시는 어떤가? 이태리에서 유학한 세 자매가 귀국해 만든 이탈리아 식당, 김치 하나에도 할머니가 직접 만든 사연이 담긴 한식집, 아이스크림을 너무 사랑해 대기업을 퇴사하고 차린 아이스크림 가게….

이렇게 조금만 다양한 관점으로 눈을 돌려보면 이야깃거리는 무궁무진하다. 아직 이야깃거리를 찾지 못한 사장님들을 위해 몇 가지 질문을 정리해 보았다.

사장님을 위한 질문

1. 창업하게 된 배경이 무엇인가요?

2. 제품과 매장에 (인테리어, 재료, 레시피 등) 어떤 이야기가 담겨 있나요?

3. 고객들의 피드백 중 가장 기억에 남는 것은 무엇인가요?

4. 가게를 운영하면서 가장 힘들었던 날, 어떻게 이겨냈나요?

5. 사장님, 그리고 사장님과 함께 일하는 분들은 어떤 사람들인가요?

6. 위의 질문에 대한 내용이 아니더라도, 우리 가게에만 있는 이야기가 있나요?

질문에 답하다 보면 다양한 이야깃거리가 자연스럽게 나올 것이다. 이제 이것들을 전달하고 싶은 주제에 맞게 잘 요리해 보자. 사장님의 브랜드 가치관을 좀 더 강조하고 싶다면, 창업 배경이나 매장의 다양한 요소들을 소재로 이야기를 만들어보자. 사람들에게 감동을 주고 행동을 변화시키고 싶다면, 힘들었던 시기를 어떻게 이겨냈는지 이야기해 보자. 고객들과 더 친해지고 인간적인 관계를 맺는 데 방점을 찍고 싶다면, 사장님과 동료들에 대해 이야기해 보자.

질문을 던져도 이야깃거리가 나오지 않는다면, 매일매일 가게에서 있었던 작은 이야기나 가게를 운영하면서 생각한 것들을 짧게 한 줄이라도 기록해 보자. 그 매일의 한 줄이 쌓여 이야깃거리가 만들어진다. 기왕이면 혼자만의 공간에 기록하기보다는 고객과의 관계를 다질 겸 공개된 SNS에 기록하는 것을 추천한다.

이태원에서 덮밥 장사를 하는 사장님을 만난 적이 있다. 가게를 오픈한 지 반년도 채 되지 않을 때였다. 초보 사장님으로 좌충우돌하던 '소연덮밥' 사장님과 함께 지금까지 소개한 질문들을 통해 만든 브랜드 이야기를 들어보자.

"매장 내 키오스크와 정형화된 고객 응대. 덮밥 가게에서 일하고 덮밥을 사 먹으며 보아온 모습입니다. '덮밥을 통해 따뜻한 인연을 만드는 공간이 되자!' 저는 이 목표를 이루기 위해 이 가게를 시작했습니다. 따뜻한 느낌의 매장 인테리어와 조명을 보면 '이곳에서 인연이 이어지지 않을까?' 싶을 거예요. 실제로 소연덮밥은 인연을 만들어가고 있습니다. 한번은 가게 이름과 본인 이름이 같다는 이유로 우연히 배달시킨 고객님이 단골이 되었죠. 덮밥 한 그릇으로 고객들과 소중한 인연을 만들어가고 있다고 생각합니다. 덕분에 하루하루 행복하게 장사하고 있습니다."

소연덮밥의 브랜드 이야기는 평범하지만 따뜻한 집밥이 연상되는, 말 그대로 한 그릇 덮밥처럼 따뜻한 이야기다. 소연덮밥이 장사를 시작한 명확한 이유와 그 목표를 달성하기 위한 진정성이 브랜드 이야기에 잘 담겨 있어서가 아닐까? 이름 때문에 단골이 되었다는 고객의 이야기는 이 가게의 지향점이 담긴 이야기라 더욱 특별하게 기억에 남는다. 얼마 전 사장님의 인스타그램을 보니 용산구 내 10대 가게에 선정되었다고 한다. 한 그릇 덮밥으로 더 큰 이야기와 인연을 만들어가는 사장님이 앞으로 만들어갈 인연이 궁금해진다.

브랜드는 만드는 것 못지않게 키워가는 것이 중요하다. 브랜드 이야기도 마찬가지다. 잘 만들고는 꽁꽁 숨겨놓고, 사장님 혼자 '우리 스토리는 정말 멋지군!' 하고 좋아해 봐야 누구도 알아주지 않는다. 브랜드 이야기를 역시 적극적으로 말해야 한다. 말하지 않으면 고객은 모른다.

지금 당장 할 수 있는 것부터 해보자. 가게 이야기를 소개하는 작은 홍보물을 만들어 부착하거나 메뉴판에 브랜드 이야기를 추가해 보면 어떨까? 고객이 주문하면서 자연스럽게 브랜드 이야기를 읽고 기억하는 효과가 있다. SNS나 배달 어플 내에 우리 가게 이야기를 소개하는 것도 좋은 방법이다.

우연히 방을 정리하다 어린 시절 일기장을 찾은 적이 있다. 그때는 쓸 얘기도 없고 귀찮기도 해서 억지로 적었는데 시간이 흐른 후에 보니 재미있는 이야기도 많고, 신선한 생각도 많이 했구나 싶어 흠칫 놀랐다. 이렇듯 평범한 이야기도 쌓이면 특별해진다. 유명한 브랜드에만 특별한 이야기가 존재하는 것이 아니다. 이야기를 찾는 질문에 답을 해보고, 하루하루 기록하다 보면 자연스럽게 이야기가 쌓여간다.

단, 이때 주의할 점이 있다. 이야기의 본질을 잊어서는 안 된다. 이야기 효과에 매몰되어 자극적이고 뜬금없는 이야기를 지어내어서는 안 된다는 것이다. 물론 최근에는 '브랜드 세계관'이라 하여 허구의 이야기를 의도적으로 만들어내는 사례도 있다. 세계관과 그 스토리는 철저히 연출된 상황에서 해당 브랜드의 자기다움에 맞춰 만든 것이고, 고객 역시 이 이야기가 사실이 아님을 충분히 인지하고 있다. 이런 특수한 경우가 아니라면, 자기다움에 걸맞은 진솔한 이야기를 전달하자. 오늘날의 고객들은 수준이 높은 데다 매일같이 다양한 자극에 노출된다. 자극적인 이야기는 잠깐 반응을 얻을 수는 있지만 쉽게 피로감을 주며, 뜬금없는 이야기를 했다가는 자칫 고객의 신뢰를 잃기 쉽다. 자극적인 콘텐츠가 범람하는 세상일수록 소박하지만 '진짜'를 담은 이야기가 고객의 눈길을 끌 수밖에 없다. 더욱더 '자기다움'에 집중해 이야기를 만들어야 하는 이유다.

"철학을 계속 쌓아갈 때

작은 브랜드가

사랑받을 수 있어요"

interview

감자밭

"감자밭의 자기다움은 '감자'예요.

감자는 자신을 안에 쌓아놓아요.

저는 감자를 보면서 '나는 왜 이 일을 계속할까',

'내 안에 축적된 건 무엇일까' 하는

고민을 많이 했어요. 그러면서 나도

감자처럼 나만의 것을 축적해

사람들에게 영감과 자극을 주는

존재가 되자고 생각했어요."

이미소, 최동녘 대표

감자밭 브랜드에 대해 소개해 주세요.

이미소 대표(이하 이) : 저희를 처음 소개할 때는 '감자빵 만드는 브랜드'라고 말씀드려요. 감자빵을 빼면 저희를 인지하지 못하시거든요. 외부에서는 저희를 감자빵 파는 회사로 생각하시지만, 저희 크루들은 아무도 빵 파는 회사라고 생각하지 않아요. 농업계의 넷플릭스 같은 콘텐츠 회사라고 여기죠. '우리는 전 세계 밭을 연결하겠다', 그리고 '농부가 꿈이 되는 사회를 만들겠다'는 미션을 가지고 우리의 철학을 담은 다양한 콘텐츠를 상품으로 만들어서 퍼뜨리는 콘텐츠 회사라 생각합니다.

감자빵을 개발한 것도 감자 종자의 다양성, 나아가 농업의 지속 가능성 문제를 해결하기 위해서예요. 이런 가치에 부합한다면 어떤 상품이나 서비스도 판매할 수 있다고 생각해요. 그래서 저와 크루들은 감자밭이 단순히 빵 파는 브랜드가 아닌, 본질적인 문제를 해결하는 곳이라 정의해요.

감자밭 이전에 핑크 세레스라는 카페를 하셨어요. 핑크 세레스에서 감자밭으로 브랜드를 리뉴얼한 이유는 무엇인가요?

이 : 핑크 세레스는 잘되지 않았어요. 하루 매출이 8만 원이었으니까요. 직원은 사촌동생 딱 한 명이었고요. 대구에 살던 동생을 제가 꼬셔서 춘천으로 데려왔는데, 동생이 한 달 휴가 4일을 몰아 쓰는 날엔 혼자서 아침 9시부터 밤 12시까지 일했어요. 아무것도 몰라서 그렇게 했어요. 가로등 하나 없는 곳에 가게가 있어서 손님이 많이 오려

면 가게를 오래 열어둬야겠다고 생각한 거죠. 오픈과 마감까지 하면 아침 8시에 출근해 새벽 1시에 퇴근하는 생활을 4개월 넘게 했어요. 처음엔 하루 8만 원 팔아도 내 공간에서, 내가 좋아하는 노래 틀어놓고 있다는 사실 자체가 좋았어요. 그러다 3개월째부터 무서워지더라고요. 임대료 같은 현실적인 문제가 드디어 보이기 시작한 거죠. 당시 가게가 1층 30평, 2층 30평이었거든요. 사촌동생은 5개월 일하고 그만뒀어요.

핑크 세레스를 4월에 오픈하고 8월에 최동녘 대표를 만났어요. 그다음 해 2월에 리뉴얼을 했고요. 리뉴얼 결정하기까지 3개월이 걸렸으니 핑크 세레스는 6개월 정도 운영했네요. 6개월 하고 소위 피보팅을 했죠.

최동녘 대표(이하 최) : 저는 원래 유기농 사과를 재배했어요. 저희 아버지도 유기농 농사를 오래 하셨어요. 유기농 농사에서 가장 어려운 게 바로 사과 농사예요. 사과는 애초에 유기농이 안 되는 작물이거든요. 그런 작물을 잘하면 어떤 농사도 잘할 수 있겠다 생각했죠. 그 마음으로 사과 농사를 했고, 품평회 1등도 하면서 정점을 찍었어요. 그런데 이렇게 7년 해보니 농사로 먹고사는 것의 한계가 보이더라고요. 공간 사업을 해봐야겠다고 생각하던 중에 미소 님을 만나면서 핑크 세레스를 함께 피보팅하게 됐어요.

이 : 동녘 님은 전국에서 손꼽히는 유기농 사과 농부였어요. 전국 품

평회에서 1등상도 받았고, 없어서 못 팔 정도였거든요. 6년 전에 백
화점에서 사과 12알을 18만 원에 팔았어요. 지금 기준으로도 고가
지만 물가상승률을 감안하면 그때는 정말 금 사과였죠. 그렇게 유기
농에서 정점을 찍었음에도 농사로 돈을 버는 것, 지속 가능하게 하는
것, 더 큰 임팩트를 내는 것에 한계를 느꼈어요.

저도 마찬가지였어요. 강원도는 1만 평, 2만 평 농사를 짓고 규
모의 경제로 돈을 버는 다른 지역과 달라요. 절반 이상이 임야라 크
게 농사를 해봐야 5000평? 보통 2000~3000평 농사고 작으면 500
평 정도예요. 지속 가능하게 임팩트를 내려면 사업적 한계를 넘어서
는 것이 첫 번째 미션이라는 생각이 들었어요. 작은 꿈은 있었죠. 언
젠가 농업구조를 바꿀 수도 있지 않을까? 각자 그런 고민을 하던 중
만나게 됐어요.

**아예 브랜드를 접을 수도 있었을 텐데, 리뉴얼을 결정한 이유는
무엇인가요?**

이 : 접는다는 생각은 전혀 하지 않았어요. 피보팅을 결정하기까지 3
년 5개월간 이미 감자로 많은 시행착오를 겪고 있었죠. 프랜차이즈
도 해보고, 감자즙, 감자 분말식도 했어요. 아버지도 제가 고등학생
때부터 감자 농사를 하셨고요. 그래서 이 공간에서 감자를 가지고 스
토리를 풀어가겠다는 생각은 변하지 않았죠.

감자밭 이름을 지으실 때 고민이 있었을 것 같아요. 사장님들을 만나면 멋있는 이름을 짓고 싶어 하시던데요. 이름 짓는 노하우가 있으신가요?

최 : 이름을 들었을 때 이미지가 딱 떠올라야 해요. '감자밭'이라는 이름은 굉장히 직관적이잖아요. 들었을 때 '진짜 감자를 심었나?' 이런 생각도 들고요. 실제로 감자를 심었던 곳이기도 해요. 이런 생각의 흐름이 생기는 이름이 가장 좋다고 봐요. 감자밭 후속 브랜드 이름은 '콩밭'으로 정했어요.

감자밭이 직관적이라는 장점은 있지만, 사업을 확장할 때 너무 한정적이라는 걱정은 없으셨나요?

최 : 농사꾼에게 밭은 도화지예요. 사과 심으면 사과밭, 마늘 심으면 마늘밭이 되죠. '밭'이라는 공간적인 이름에 문화를 넣으면 재미있겠다는 생각도 했고요. 감자밭이라고 정한 건 마침 미소 님이 감자를 하고 있었고, 강원도 하면 감자가 딱 떠오르잖아요. 감자로 좁혀서 시작한 다음 다른 지역으로 연결하면 파워풀할 거라고 봤어요.

이 : 저는 사실 처음 들었을 때는 마음에 들지 않았어요. 감자밭? 잘 모르겠더라고요. 주변 반응도 저보다 더 나쁘면 나빴지 좋지는 않았고요. 지금은 감자밭 아니었으면 어쩔 뻔했냐고들 하시죠.

캐릭터나 로고는 브랜드 네임이 정해진 후에 만들어진 건가요?

최 : 감자밭 캐릭터는 친누나가 만들어주었어요. 저희 스토리에 감명받아 그 자리에서 바로 그려준 그림이에요. 이름도 그렇고 캐릭터에서도 직관성을 중요하게 생각해요. 감자 캐릭터가 감자빵을 손에 들고 먹는 모습, 마치 저희 고객 같지 않나요? 이런 직관성이 소비자를 자극해요.

감자밭에는 다양한 스토리가 녹아든 것 같아요. 아버지의 권유(?)로 사업을 시작한 이야기라든가 학창시절 이야기, 사장님 부부의 결혼 이야기 등. 그래서 더 감자밭이라는 브랜드에 빠져들게 되는데요, 브랜드만의 스토리는 어떻게 만들어가나요? 많은 사장님이 자기에겐 너무 평범한 이야기밖에 없다고 생각하시거든요.

이 : 브랜드 스토리를 만드는 방법이야 정말 많겠지만, 저는 가장 먼저 '일단 글로 써보세요'라고 말씀드리고 싶습니다. 저는 총량의 법칙을 정말 좋아해요. 유흥 총량의 법칙이 있어서 젊었을 때 안 놀았다면 나중에 놀 일이 있고, 고생 총량의 법칙이 있어서 젊어서 충분히 고생하면 나중엔 적게 고생한다고 생각해요. 그리고 이른바 '글 총량의 법칙'이 있습니다. 인생 글을 쓰기 전에 충분히 '애걔, 이게 글이야?'라고 할 만큼 부족한 글을 충분히 써야 멋진 글이 나온다는 것이죠.

저도 예전에 쓴 글을 보면 쥐구멍에 숨고 싶을 만큼 오글거리고 부족하다고 느낄 때가 많아요. 그리고 누구든 자기 이야기는 평범하고 별것 아니게 느껴지는 것 같아요. 저도 마찬가지였어요. 그런데 하루에 한 줄, 두 줄 적다 보니 남들이 다 아는 그런 것들 말고 정말 오랫동안 혼자만 생각해오던 것들, 그리고 나의 이야기들이 자연스럽게 표현되더라고요. 그런 속마음의 글들이 많은 분의 마음을 움직였던 것 같아요. '멋진 글을 써야지!' 하기보다는 '하루에 한 줄이라도 써야지'라고 생각하고 꾸준하게 글을 쓰다 보면 자신의 이야기가 완성될 거라 생각합니다.

감자밭의 브랜드 아이덴티티, 즉 자기다움은 무엇인가요?

최 : 감자밭의 자기다움은 '감자'예요. 감자는 자신을 안에 쌓아놓아요. 사과 같은 경우는 햇빛 에너지를 받아서 포도당을 만들어 활동해요. 만든 에너지를 스스로 사용한다고 보시면 돼요. 반면 감자는 에너지를 녹말로 만들어서 다음 세대에 전해줘요. 이걸 한마디로 정의하면 '축적'이에요. 감자밭의 자기다움은 감자처럼 감자밭만의 영감을 축적해, 사람들이 감자밭을 만났을 때 포만감을 느끼게 하는 거예요.

저는 감자를 보면서 '나는 왜 이 일을 계속할까', '내 안에 축적된 건 무엇일까' 하는 고민을 많이 했어요. 그러면서 나도 감자처럼 나만의 것을 축적해 사람들에게 영감과 자극을 주는 존재가 되자고 생각했어요.

이 : 저희 슬로건이 'Life is potato = 삶은 감자'예요. '너의 감자는 뭐야?' 이런 질문도 많이 하죠. 스티브 잡스의 감자는 아이폰이고 우리의 감자는 감자밭인 거죠.

처음에 어떻게 감자밭을 알리셨나요?

최 : 13개 품종의 해바라기를 심은 꽃밭이 SNS에서 화제가 된 게 첫 번째예요. 이게 사람들에게 인상을 주었고, SNS에 많이 퍼진 덕을 봤죠.

이 : 저희는 광고비를 한 번도 집행해본 적이 없어요. 그냥 하고 싶은 걸 했어요. 무조건 '잘되야 하는데'가 아닌 '이렇게 하면 재밌겠다', '이 꽃 심으면 정말 예쁘겠다', '빨리 해보자' 이런 식이죠. 또 감자즙, 감자분말 팔 때부터 감자빵에 이르기까지 저희 인스타그램을 보면서 응원해 주신 분들이 무척 많아요.

저희에게 오시는 한 분 한 분을 완벽하게 만족시켜 드리자는 생각으로 운영하고 있어요. 네이버 플레이스 후기에도 하나하나 댓글을 달아드려요. 특히 몇몇 낮은 별점을 올리는 분들은 더 꼼꼼히 챙겨요. 의문이나 불만에 대해서도 다 설명해 드리죠. 그랬더니 오히려 이분들이 팬이 되었어요. 고기리막국수 김윤정 대표님의 《작은 가게에서 진심을 배우다》라는 책이 많은 도움이 되었습니다.

브랜드 만드는 과정을 공유하는 것도 좋아하시는 것 같아요. 보고 있으면 브랜드를 함께 키워가는 느낌도 들고요.

최 : 초반 브랜딩에 대한 고민이 많았어요. 브랜딩을 같이해 보자는 제의도 많았고요. 그렇지만 저희는 서툴더라도 쌓여가는 이 과정을 보여주기로 했어요. 외관 고치는 것, 씨 심는 것, 꽃 필 때 모습 모두 SNS에 올렸어요.

이 : 저희 가게에 자주 오시는 분들이 '여기 또 바뀌었네' 이런 말씀을 항상 하세요. 저희는 3개월마다 바꾸거든요.

최 : 저희는 비전문가라서 자꾸 바꾸는 건데, 고객분들에게는 이게 새로움인 거죠.

어떻게 하면 SNS가 우리 브랜드에 도움이 될까요? SNS를 운영하면서 꼭 지키는 원칙이 있다면요?

이 : SNS가 짐이 되지 않기 위해 노력해요. 숙제처럼 보이지 않게 말이죠. 고객들은 화면 뒤에 있어도 다 느끼더라고요. 저는 두 달 동안 아무것도 올리지 않을 때도 있고, 하루에 3~4개씩 올릴 때도 있어요. SNS라는 건 말 그대로 소셜 네트워크예요. 억지로 모임에 나온 친구를 만나면 재미없잖아요. 그것과 마찬가지인 것 같아요. 일상을 공유할 여유도 없는데 '무조건 해야 해! 1일 1 포스팅!' 하는 마음으로 억지로 하면, 억지로 나온 친구랑 대화하는 기분일 것 같아요. SNS를

너무 짐처럼 생각하지 말고, 친구와 소통하듯 나의 고민, 일상적인 생각, 무언가 하는 과정을 공유한다고 생각하면 좀 더 쉽게 하실 수 있을 거예요.

현실적인 질문인데, 초기 매출이 없는 상태에서 어떻게 버티셨나요?

이 : 철이 없어서 버텼죠. 2년 동안은 하루살이와 다를 게 없었거든요. 그날 벌어서 그날 썼죠. 큰 고민보다는 그저 일이 재미있다는 생각?

말씀을 들으니 감자밭은 업에 대한 고민이 브랜딩의 차별화로 이어진 사례 같습니다. 이렇게 새로운 시도를 하고, 고객에게 새로운 가치를 주는 활동에 특별한 기준이나 지표가 있는지요?

이 : 내부적으로 가장 중요한 평가지표는 '브랜드 관점'으로 일했는가예요. 신규 입사자는 모두 브랜드 관점에 대해 교육을 받아요. 브랜드 관점으로 일하는 게 그만큼 중요하니까요.

그게 뭐냐고 물으면 3가지를 얘기해요. 첫 번째로 브랜드의 '관계'다. 관계도 3가지 관점이 있어요. 내부 관계, 외부 관계 그리고 거래처와의 관계. 특히 거래처와의 관계를 등한시하면 징계감이에요. 어떻게 관계를 쌓아야 하는지에 대해 2~3시간 정도 교육을 해요.

두 번째는 '빼기'예요. 저희가 감자빵부터 가지빵, 사과빵 다 팔았으면 브랜딩이 되었을까요? 평범한 가게라도 한 가지만 팔면 소신 있어 보이고 왠지 맛있을 것 같잖아요. 저희도 너무 많은 걸 담으려 하지 말자는 이야기를 많이 해요.

　　마지막은 '철학'이에요. 가장 타협할 수 없는 부분이죠. 처음에는 품종의 다양성이 농가소득에 미치는 영향 때문에 이 일을 시작했어요. 이건 우리나라의 정말 심각한 문제이고, 해결하면 소득 불평등 뿐 아니라 출생률 문제, 도시 문제까지 해결할 수 있다고 생각해요. 이런 저희의 철학에 공감해, 춘천에 연고가 없음에도 춘천에 자리잡고 함께하게 된 친구들도 꽤 많아요.

최 : 저희가 사업을 하는 이유는 지속가능성을 만들기 위해서예요. 다양한 감자 품종을 심고, 콩밭으로 사업을 확장하는 이유도 농업의 지속성이 담보되지 못해 고통받는 사람이 너무 많아서예요. 저희 부모님이나 친구들을 보면서 많이 느꼈어요. 이건 결국 품종이 적어서 생긴 문제거든요. 같은 품종의 감자를 심으면 농민들끼리 가격경쟁이 치열해지고, 가격은 계속 떨어져요. 감자 가격은 20년 동안 그대로예요. 이 구조를 깰 수 있는 것이 품종 다양화라고 봐요. 보라색, 초록색, 빨간색, 흰색 다양하게 심으면 모두가 제 가격을 받을 수 있겠죠. 이 철학에서 시작해 우리가 다양한 품종을 만들 수 있는가, 우리는 지속 가능할 수 있는가, 이 두 가지가 저희가 일을 하는 큰 원칙이에요.

고객들이 덧셈을 원하는 경우도 있지 않나요? 예를 들어 손님이 '사과빵은 없나요?'라고 묻는다면요?

이 : 진짜 많았어요. 메뉴 부족이 문제가 아니라, 메뉴 수가 적은 것에 대해 충분히 고객분들께 설명하고 설득하지 못한 것이 문제라고 생각해요. 그래서 물어보지 않게끔 미리 친절하게 설명을 해드려요. 무작정 '나 이거 하나만 제공할 거야'라고 말하는 건 너무 일방적이니까요.

고객들이 원하는 것과 우리가 원하는 것이 맞지 않을 때 고민은 없으신가요? 예를 들어 신제품을 내야 하는데 요새 뜨는 것과는 다른 경우요.

이 : 그런 고민은 별로 없어요. 설령 더 많이 팔린다 해도 저희와 결이 맞지 않고 지속가능성을 해친다면 구성원 누구도 동의하지 않아요. 일부 고객에게 만족감을 줄 수는 있어도 우리 결에 맞는지가 더 중요해요.

역으로 감자밭의 방향성에는 명확한데 고객들이 좋아하지 않는 경우도 있지 않나요?

최 : 브랜드는 결국 사람이라고 생각해요. 고객들이 원하는 것도 있고 싫어하는 부분도 있죠. 그럼에도 저희는 저희 이야기를 하는 게 조금 더 지속 가능하다고 봐요.

이 : 저희는 호불호가 강한 브랜드예요. 그런 만큼 모두를 만족시킬 수 없다는 게 저희의 암묵적 공감대예요. '성공하는 방법은 모르지만 실패하는 방법은 알고 있다. 그건 모두를 만족시키려 하는 것이다.' 저희 운영철칙 중 하나죠.

감자밭의 성장 모멘텀은 언제였나요?

최 : 초창기는 외관 고치고 고객들이 오면서 변화가 있었어요. 아까 말씀드린 것처럼 해바라기 꽃밭도 화제가 되었죠. 인스타그램에 '춘천 카페'를 검색하면 저희 사진으로 도배되다시피 하면서 지역 시장에서 먼저 주목받았어요. 그다음에는 감자빵. 저희는 전혀 홍보하지 않았는데 현대백화점에서 먼저 연락이 왔어요. 함께 팝업을 해보지 않겠냐고요.

이 : 저는 능력 있는 직원이 나갔을 때요. 그때의 1년이 저를 비롯해 감자밭이 장사에서 기업으로 변모하는 시간이 되었어요. 이상하게 똑똑하다, 괜찮다 싶은 친구들에게 리더를 맡기면 가장 먼저 나가더라고요. 분명히 문제가 있는데, 원인을 모르겠는 거예요. 왜일까 생각해 보니 제 문제가 크더라고요. 저희도 그때까지 리더를 한 번도 해본 적이 없었던 거예요. 말하자면 리더가 아니라 크리에이터였어요. 감자밭을 만들고 감자빵을 만드는 것과 이걸 지속 가능한 비즈니스로 키우는 것은 전혀 다른 영역이었던 거죠.

  감자밭 만드는 과정은 배를 만드는 것과 같았어요. 눈을 떠보니 제가 만든 배에 크루들이 타고 있더라고요. 그런데, 지금까지는 배를 만드는 데 집중하던 저에게 갑자기 크루들이 공구를 뺏고 나침반과 지도를 쥐여주면서 "어디로 갈까요, 캡틴?"이라고 묻는 거예요. 그때 리더십 책을 탐독하고 공부하면서 알게 된 건 '크루들에게 바다를 갈망하게 해야지, 노 젓는 법을 가르치면 안 되는구나'였어요. '아! 난 여태 노 젓는 법만 알려주고 있었구나' 하는 깨달음과 반성도 있었고요. 지금은 이렇게 말하지만 그때는 정말 고통스러웠어요. 그러면서 많이 성장했죠. 그저 성장한 정도가 아니라 아예 사람이 달라졌어요. 독재자가 민주주의자가 됐달까요? 그 기간이 제게 큰 모멘텀이 되었어요.

어느 정도 규모가 생긴 후에는 위기가 없었나요? 있었다면 어떻게 극복하셨나요?

이 : 사업이 궤도에 오르고 나서 가장 큰 위기는 '지속가능성'에 대한 의문이었어요. 한 2년 정도 그랬던 것 같네요. 저희를 정말 사랑하고 아껴주시는 MD님부터 시작해서 주변 대표님들 모두 하신 말씀이 있어요. '단일상품으로는 오래 못 간다.' 대왕 카스텔라, 벌꿀 아이스크림 등 온갖 예시를 들어주면서 프랜차이즈로 가라 혹은 엑싯해라, 이런 이야기를 진심을 담아 말씀해 주셨죠. 그때마다 불안했어요. 이 달 매출이 20억인데 다음 달에 그만큼 안 나오면 어떡하지, 우리 직원들 150명 월급 어떡하지, 이런 불안이 매우 컸죠. 그런 저 스스로를 설득하고 주변을 설득하는 데 2년 걸렸어요. 이건 시간으로밖에 증

명할 수 없더라고요. 왜냐면 저희도 몰랐으니까요. 베팅을 하긴 했는데 확신은 없었어요. 잘못될 수도 있다고 생각했죠.

결과적으로 이 과정에서 저희만의 규칙이 생겼어요. 처음부터 규칙을 만들려고 한 것은 아니고, 살아남기 위해 본능적으로 했던 것인데 규칙이 되어버렸어요. 예를 들어 저희는 우리가 할 수 있는 가장 좋은 조건으로 농가에서 농산물을 수매해요. 굳이 그렇게 하지 않아도 되고, 티도 안 나고, 고객들도 잘 몰라요. 그렇지만 이런 저희만의 규칙과 철학을 타협하는 순간 저희는 지속 가능할 수 없다고 확신해요. 이타적인 걸 넘어서 어쩌면 살아남기 위한 생존법이죠. 이렇게 해야 지속 가능하다고 느끼니까 철학을 지키는 것이고요. 우리 철학, 우리 소신을 타협하지 않으면 지속 가능하다는 걸 깨달으면서 어려움을 이겨냈어요. 저희 인생 슬로건이 '본질에는 일치를, 비본질에는 자유를'이에요. 본질이 변하지 않는 것을 무척 중요하게 여겨요. 100년 가는 브랜드가 되고 싶은데, 그러려면 본질에 집중해야 한다고 생각해요.

두 분에게 춘천은 어떤 의미인가요?

최 : 춘천이란 도시와 농촌을 연결할 수 있는 곳이에요. 춘천은 진짜 시골과 도시가 5대 5로 붙어 있어 시골을 도시인에게 소개하기 굉장히 좋아요.

감자밭 전경 (출처 : 감자밭)

감자밭 크루 (출처 : 감자밭)

감자밭의 꽃밭 (출처 : 감자밭)

감자빵과 콩빵 (출처 : 감자밭)

춘천이 아니라 예컨대 원주였다면 지금의 감자밭 브랜드와는 달라졌을까요?

이 : 달라지지 않았을까요? 춘천이 가진 자전거, 기차, 낭만, 젊음 등의 무의식적 이미지들과 감자밭이 함께했기 때문에 실패해도 다시 시작할 수 있었다고 생각해요. 춘천이 아니라 다른 곳이었다면 달라지지 않았을까 싶네요.

로컬 브랜드를 할 때 로컬의 특징과 브랜드의 어떤 부분을 신경 써서 만들어야 할까요? 만약 사촌동생이 대구에서 감자밭을 할 거라고 하면 어떤 조언을 해주시겠어요?

최 : 강원도는 다른 작물이 풍년이 된다고 해도 무조건 감자는 심어놔요. 그래서 이게 문화로 남고 생계가 되고 그 지역을 상징하는 특산물이 된 거죠. 이처럼 그 지역과 가장 밀접하게 붙어 있는지를 보는 것 같아요. 그 지역의 헤리티지죠.

　예를 들어 대구는 분지 형태로 기온이 높고, 산이 없어서 그곳 사람들이 다른 지역으로 놀러가게 되고, 이런 도시인들의 문화 특성이 생겼죠. 이런 특성에 따라 특산물이 정해지고요. 이 부분을 많이 고민해 보라고 하고 싶어요.

이제는 춘천 이외에도 감자빵이 많이 팔리는데, 접점이 넓어지면서 커뮤니케이션에 어떤 변화가 생겼나요? 꼭 지켜야 하는 부분 혹은 자유롭게 풀어도 되는 부분이 있는지요?

이 : 꼭 지켜야 하는 것은 본질이죠. 본질은 고객과의 관계예요. 예를 들어 포장지가 조금 망가지더라도, 룰이 조금 깨지더라도 고객과의 관계만큼은 진심을 다했으면 좋겠어요. 그런 의미에서 저희는 영원히 키오스크가 없어요. 사람 대 사람의 교감이 저희 본질이라고 봐요. 형평성에 어긋나지 않는 선에서 최대한 고객 커뮤니케이션과 서비스에 신경을 쓰고요. 그것 외에는 크게 달라진 점은 없는 것 같아요.

최 : 특히 로컬 브랜드라면 사람 대 사람으로 만나야 해요. 여기에 와서까지 기계와 소통해서 음식을 시킨다? 저는 아니라고 봐요.

오프라인뿐 아니라 온라인에서도 감자빵을 만날 수 있는데, 브랜드 관점에서 공통으로 중시하는 점과 차이를 두는 점은 무엇인가요?

이 : 오프라인, 온라인 어디서든 같은 고객경험을 드리는 데 중점을 둬요. 그 경험이란 단연 '진정성'입니다. 우리의 핵심가치, 이야기들을 브로셔나 상세페이지, 포스터 등 다양한 곳에서 알리는 것이 첫 번째예요.

통일감도 중요해요. 온라인에서 배송 시작부터 배송받기까지 포장 테이프 하나, 아이스박스 하나, 메시지 하나까지 세심하게 신경

써요. 오프라인 또한 주차부터 시작해서 줄을 서고 구매를 해서 나가는 전체 고객경험을 통일감 있게 느낄 수 있도록 주의를 기울이는 편이에요.

차이를 두려는 부분 또한 고객경험이에요. 우리 브랜드의 일관된 진정성, 통일감 안에서도 그 사이에 '온라인에서만', '오프라인에서만' 느낄 수 있는 고객경험을 제공하려고 노력합니다. '월간 감자빵'이 예가 될 수 있는데요. 매달 신제품을 준비하는 게 쉬운 일은 아니지만, 오프라인에 방문해 주시는 분들을 위해 매달 춘천 감자밭 매장에서만 드실 수 있는 감자빵을 기획하고 있어요. 그에 맞는 굿즈도 준비하고요.

'꽃 따러 오는 밭'의 줄임말인 '꽃따밭' 프로젝트도 마찬가지예요. 꽃따밭 프로젝트는 정원에서 즐기는 꽃다발 만들기 체험 서비스예요. 각 계절에 어울리는 정원도 그렇고, 오프라인에서만 느낄 수 있는 고객경험을 설계해요. 그 덕에 많은 분들이 '이 카페는 계절마다 와야 한다'는 말씀을 해주시고, 예약이 힘들 정도로 인기가 많아요. 반면 온라인에서는 급랭해서 집에서 데웠을 때 가장 맛있게 드실 수 있는 경험을 제공해요. 그래서 고객들이 이런 말씀을 하시죠. '집에서 먹는 건 온라인으로 시켜야 하고 감자밭은 계절마다 가야 한다'고요.

감자밭이 성공하면서 프랜차이즈, 콜라보레이션 등 다양한 제안을 받으셨을 텐데, 제안을 수용하는 기준이 있으신가요?

이 : 사돈에 팔촌까지 정말 다양한 제안들이 와요. 매장 하나 내달라는 것부터 본인 매장에 감자빵 조금만 팔면 안 되냐 등 많은 제안을 받죠. 판단 기준은 궁극적으로 저희의 본질에 위배되지 않는지, 지속 가능한지예요. 지속 가능하다는 것은 브랜딩의 관점에서 감자밭을 해치지 않는다는 뜻이에요. 예를 들어 친구가 매장 내는 것도 좋죠. 그런데 우리가 생각하는 브랜딩은 관계인데, 그 친구가 감자밭이 추구하는 관계를 유지할 사람이 아니라면 브랜드가 망가지고 희석되잖아요. 얼마 전에도 큰 규모의 제안이 왔는데 결이 안 맞아 거절했어요.

최 : 가능한 거시적 관점으로 봐요. 선을 쭉 그었을 때 갑자기 툭 튀어나오는 제안인지, 우리가 가고자 하는 목표와 결에 맞는지를 보고 결정하죠.

브랜딩은 뭐라고 생각하세요?

최 : 브랜딩은 진정성이에요. 자아를 찾은 사람이 자아에 맞게 행동하듯, 브랜드가 가진 원칙을 보여주는 과정이 곧 브랜딩이죠. 저는 자신이 정한 원칙대로 말하고 행동하는 브랜드가 좋은 브랜드라고 생각해요.

이 : 나를 알아가는 과정이 브랜딩이에요. 감자밭이라는 브랜드를 만드는 과정에서 저는 정말 다른 사람이 되었어요. 나에게 밭은 무슨 의미일까? 나에게 이 조직은 어떤 의미일까? 감자밭이라는 브랜드를 만들며 수도 없이 질문했어요. 지금 돌이켜보면 농산물의 품목 다양성을 지키는 과정, 농업의 지속가능성을 만드는 과정이 곧 저라는 사람을 만드는 과정이었어요. 브랜딩을 하지 않았으면 전 저를 결코 몰랐을 거예요.

스몰 브랜드들은 브랜딩의 중요성을 알아도 막상 실행을 망설이는 경우가 많습니다. 브랜딩이 정말 중요한가요? 브랜딩을 꼭 해야 하는 이유는 무엇인가요?

이 : 우리가 스몰 브랜드이기 때문에 꼭 해야 하는 것이 브랜딩이라고 생각해요. 대기업에 비해 구매력이 좋은 것도, 그렇다고 연봉이 높은 디자이너를 고용해서 비싼 디자인을 뽑을 수도, 처음부터 완벽하게 준비해서 시장에 진입하기도 어려운 것이 작은 자영업자의 현실이에요. 우리처럼 작은 다윗이 골리앗을 이기는 방법이 브랜딩이라고 생각해요.

　브랜딩은 그저 훌륭한 디자인이나 멋진 캐치프레이즈가 아니라 내가 생각하는 업에 대한 가치와 본질, 철학들을 가장 잘 나타내는 수단이에요. 작은 브랜드가 자기 브랜드에 대한 철학을 계속 쌓아갈 때 사람들의 사랑을 받을 수 있다고 생각합니다.

감자밭 같은 브랜드를 만들고 싶은 사장님들에게 조언해 주신다면?

이 : 제 경우를 일반화할 수는 없어서 창업하라는 말도 함부로 드리지는 못해요. 그럼에도 새롭게 브랜드를 만드는 분들께는 가장 먼저 책을 읽어보라고 할 것 같아요. 그리고 일단 경험을 해보세요. 치킨집 창업을 한다면 당장 창업하는 게 아니라 치킨집에서 일해 보며 경험을 해보는 거죠. 그리고 실패했을 때 망하지 않는 걸 해보셨으면 좋겠어요. 내 수준에 망해도 괜찮은 걸 해야지, 망하면 안 되는 것을 하면 전 무조건 어렵다고 봐요.

제 강점 1순위는 실행이에요. 물론 마무리를 잘 못 짓는다는 단점이 있지만, 이 장점으로 아주 많은 것을 해왔어요. '평범해도 일단 하면 그럴싸해진다'는 말이 있어요. 저는 이걸 아주 많이 경험했어요. 일단 해봐야 알고, 사람 일은 모르잖아요. 시작하고 수정하면 됩니다. 여러분, 일단 시작하세요!

"사장님 가게를 한마디로 설명한다면 뭐라고 하시겠어요?"

이 질문에 선뜻 답을 못하는 사장님들이 의외로 많다. 대개는 '음…' 하고 뜸을 들이다 장황하게 설명하거나, '액세서리 전문 쇼핑몰'이라는 식으로 업종을 단답형으로 말하는 분들이 보통이다.

별것 아닌 것 같지만 가게의 한 줄 설명은 아주 다양한 상황에 요긴하게 쓰인다. 개업을 알리는 전단부터 지도 어플과 배달 어플에 우리 가게를 등록할 때, SNS 계정을 만들 때에도 한 줄 설명은 빠지지 않는다.

그런데 이 한 줄이 사장님들에게는 아무리 눌러도 사라지지 않는 팝업창처럼 '작지만 아주 큰 난관'이기도 하다. 손님들이 척 보면

우리 브랜드를 설명하는
하나의 문장을 만들어야 한다

어떤 곳인지 알 수 있도록 꽂히게 쓰고 싶은데 무엇을 어떻게 써야 할지 모르겠고, 가게에 대해 이야기하고 싶은 것들을 이것저것 쓰다 보면 어느덧 한 줄이 열 줄로 늘어나기 일쑤다.

한 문장에는 한 개의 메시지만

'한 줄 설명'은 엄밀히 말하면 슬로건과 태그라인으로 나뉜다.

- 슬로건 : 브랜드의 정체성을 소비자의 언어로 전하는 메시지
- 태그라인 : 브랜드에 대한 설명, 마케팅 메시지 등을 담은 메시지

슬로건은 우리 브랜드의 본질을 담고 있기에 한번 정하면 쉽사리 바꾸지 않는 반면, 태그라인은 우리 브랜드에 대한 설명이나 마케팅 메시지로 유연하게 쓰인다. 현장의 사장님들에게는 우리 가게를 잘 전달하는 것이 중요하므로, 슬로건과 태그라인을 엄격하게 나누기보다 '한 줄 설명'으로 합쳐 설명하곤 한다. 이 책에서도 마찬가지다. 아래 질문들에 답하며 키워드를 찾아 '한 줄 설명'을 만들어보자.

사장님을 위한 브랜딩 팁

1. 우리 가게 이름의 의미를 키워드나 짧은 문장으로
   적어보세요.
2. 우리 가게만의 차별점(가게가 주는 경험, 가게 메뉴 등)을
   키워드 또는 짧은 문장으로 적어보세요.
3. 우리 브랜드가 꿈꾸는 최종 지향점을 키워드나
   짧은 문장으로 적어보세요.

한 줄 설명을 만들 때 잊어서는 안 될 원칙이 있다. 바로 '한 문장에는 한 개의 메시지만 담는다'는 것이다. 이 원칙을 잊지 말고 우리 가게만의 차별점, 고객에게 꼭 하고 싶은 말을 기반으로 한 줄 설명을 작성해 보자. 작성했다면 다음 질문들을 보며 체크해 보자.

첫째, 고객 입장에서 매력적인가?
'국내산 청정 한우만 취급하는 한우 전문 정육점' vs. '우리 동네

헬스 마니아들이 인정한 청정 한우 정육점'

어느 문장에 더 눈길이 가는가? 한우는 고급 식재료이기에 맛은 기본이다. 맛도 있지만 왠지 더 신선하고 건강할 것 같아서 한우를 먹는 사람들이 많다면 어떨까? 게다가 요즘처럼 다이어트에 관심 있는 사람들이 많다면? 앞의 문장처럼 쓴 두 가게가 있다면 아무래도 후자에 눈길이 갈 수밖에. 헬스 마니아들이 인정했다고? 먹으면 근손실이 없을 것 같다고? 심지어 한우를 먹을 생각이 없다가도 왠지 먹으면 건강해질 것 같은 마음이 들면서 가게에 들어올 수도 있다. 한 줄 문장을 쓸 때 우리 가게의 특장점과 차별점을 나열하기보다는, 고객에게 어떤 매력적인 가치를 줄 수 있는지 체크해 보자.

둘째, 우리 가게만이 할 수 있는 이야기인가?

'남녀노소 누구나 잊지 못하는 맛의 삼겹살집' vs. '제주도 흑돼지식당에서 감명받은 사장님이 시험을 포기하고 비법을 전수받아 차린 삼겹살집'

첫 번째 문장은 삼겹살집뿐 아니라 중국집, 파스타집 등 무엇을 넣어도 말이 되기에 흥미를 끌기 어렵다. 눈길도 가지 않을뿐더러 신뢰성도, 구체성도 없다. 두 번째 문장은 어떤가? 그 가게만의 확실한 이야기가 담겨 있으니 궁금해질 수밖에. 대체 고기가 얼마나 맛있기에 시험을 포기하고 비법을 전수받아 차렸다는 걸까. 그걸 확인해 보고 싶어서라도 가게에 들어가게 될 것이다.

언어에는 사람의 마음을 움직이는 힘이 있다. 매력적인 한 줄 설명은 자연스럽게 고객의 시선을 끌기 마련이다. 그러니 한 줄 설명의 키워드를 찾는 질문을 집요하게 파고들어 보자.

'키워드는 찾았는데 한 줄 설명으로 쓰기에는 너무 무난하지 않나요?'라는 고민은 일단 접어두자. 가게를 창업한 배경이 '친구가 동업하자고 해서'로 시작하는 설명도 괜찮다. '용마산의 정기를 받은 친구들이 덮밥의 맛을 제대로 보여주기 위해 만난 덮밥집'이라는 한 줄 설명으로 만들면 어떨까? 얼마 전 지나가다 본 쿠키집의 한 줄 설명은 '호텔에서 일하던 파티셰가 서촌으로 튀튀해서 만든 쿠키'였다. 이렇게 우리 가게만의 이야기가 담긴 한 줄 설명으로 다른 가게와 차별화되는 것은 물론, 고객에게 진심을 전할 수 있다. 진심이 전해지는 순간 고객이 가게를 친근하게 느끼는 건 시간 문제고, 가게가 알음알음 알려지는 것도 시간 문제다.

셋째, 고객이 이해하는 용어를 사용하고 있는가?

전문성을 보여주겠다는 이유로 생경한 전문용어를 쓰거나 멋져 보이지만 뜻이 불분명한 단어를 한 줄 설명에 넣는 가게들이 있다. 가령 '저희 가게는 네오 비스트로 퀴진입니다', '유러피안 라이프스타일 편집숍'이라는 식의 설명을 본 적이 있을 것이다. 전문성은 있어 보이지만 정확히 어떤 곳이며, 고객에게 무슨 가치를 주는지 제대로 와닿지 않는다.

강남구 도산사거리 근처에 '나고집'이라는 고깃집이 있다. 나만 아는 고깃집이라는 뜻이다. 알고 보면 특별한 의미는 아니지만 상호부터 특별하게 느껴진다. 이 가게의 특징은 주물판에 고기를 굽는다는 것이다. 그런데 주물판을 어필하는 방식이 흥미롭다. 전문용어로 설명하는 것이 아니라 '경기 무형문화재 45호 김종훈 선생이 만드신 주물판을 사용합니다'라고 구체적으로 벽에 쓰여 있다. 고객이 이해하기 쉬운 문장으로 가게의 스토리 요소를 하나 더한 것이다. '좋은 말 같은데 대체 무슨 뜻이지?'라며 의아해지는 표현 대신 '부모님이 들어도 바로 이해할 수 있는 단어'인지를 기준으로 체크해 보자.

한 줄 설명을 살리는 원칙, 일관성

영화 〈극한직업〉의 명대사, "이것은 갈비인가 통닭인가, 수원왕갈비통닭입니다"라는 전화 멘트를 기억하는가? 어찌나 강렬한지 영화가 끝난 후에도 이 소개문구가 뇌리에 박혀 떠나지 않았다. 잘 지은 멘트이기도 하지만, 배우 류승룡이 찰지게 읊조려서 더 기억에 남는다.

잘 지은 한 줄 설명을 실제로 사용하지 않는다면 의미가 있을까? 괜한 군소리라 생각할지 모르지만, 한 줄 설명을 어렵게 만들어 놓고도 사용하지 않는 사장님들이 실제로 있다. 왜 사용하지 않느냐고 물어보면 너무 바빠서 일일이 찾아 넣을 시간이 없다고 하신다. 물론 SNS, 배달 어플, 예약 전용 어플, 메뉴판 등 우리 가게의 한 줄 설명을 넣을 곳이 많아서 다 챙기지 못할 수도 있다. 그렇다면 하루에 하나씩이라도 변경하는 방법을 추천한다. 오늘은 배달 전화 멘트, 내일은 SNS 프로필, 모레는 배달 어플 소개 페이지, 글피는 메뉴판에 정성스럽게 지은 한 줄 설명을 변경해 보자. "띠링띠링~ 정성을 다하는 덮밥집입니다"에서 "띠링띠링~ 용마산의 정기를 받은 친구들이 덮밥의 맛을 제대로 보여주기 위해 만난 덮밥집입니다"로 바꿔 보자.

다만 한 줄 설명을 적용할 곳이 많을 때 유의할 점이 있으니, 바로 '욕심'이다. '한 줄 설명을 다양하게 넣으면 사람들이 더 좋아하지 않을까?', '이런 매체에는 이 설명이 더 좋아 보이는데, 여러 개 써봐?' 하며 배달 어플, 포털 사이트 설명, 가게 SNS 등 매체마다 한 줄 설명을 다르게 쓰는 분들이 있다. 그 마음을 이해하지 못하는 것은 아니지만, 한 줄 설명은 일관되게 사용해야 고객들이 혼동하지 않고, 기억에 강하게 남는다. 나아가 일관된 멘트는 가게의 신뢰도에도 영향을 미친다.

마지막으로, 함께 일하는 직원들이 있다면 그들과도 반드시 우리 가게의 한 줄 설명을 공유하자. 그래야 직원들도 우리 가게를 고객에게 일관되게 설명할 수 있다. 고객과 가장 가까운 사람은 직원이라는 사실을 잊지 말자.

한 줄 설명의 짝, '가게 이름'

짚신도 짝이 있듯이 한 줄 설명도 짝이 있다. 바로 '가게 이름'이다. 한 줄 설명은 가게 이름과 함께 사용해야 한다. 가게 이름이 나와서 잠시 이야기해 보자면, 사장님들에게 가게 이름 짓기는 엄청난 고민거리 중 하나다. 가게 이름을 지어놓고 시작하는 경우가 대부분일 것 같지만, 의외로 창업 아이템을 정해놓고도 이름을 짓지 못해 쩔쩔 매는 분들이 많다.

예전에 사람 이름을 상호로 한 술집에 간 적이 있다. 누구 이름을 따서 지었을지 친구들과 장난삼아 내기를 했다. 정답은 사장님 따님의 이름! 이처럼 가족의 이름을 따서 짓거나 잘나가는 프랜차이즈와 비슷한 상호를 짓거나 어디선가 들어본 이름으로 출발하는 가게들이 많다. 요즘은 창업하는 사람들의 연령대가 낮아져서인지 개성 넘치는 이름들이 많아지긴 했지만 여전히 가게 이름 짓기는 어렵다.

가게 이름을 짓는 지름길이나 정답은 없다. 다만 모범답안을 대라면 '직관적인' 이름으로 지을 것을 권한다. 비유적인 이름을 붙일수록 무슨 가게인지 더 열심히, 더 부지런히 설명해야 한다.

가게 이름도 한 줄 설명처럼 몇 가지 체크할 사항이 있다.

우선 하나의 이름으로 소통하고 있는지 체크해야 한다. 예능 프로그램이 줄임말이나 별명으로 불리면 비로소 성공한 거라는 말이 있다. 그렇지만 우리 가게는 반드시 하나의 이름으로 불려야 한다. 그래야 손님들이 가게를 검색하거나 주변에 알릴 때 헷갈리지 않는다. 원조 다희네동태찜, 다희네동태찜, 다희네, 원조 동태찜… 이렇게 다양한 이름으로 불리면 곤란하다. 심지어 차별화도 되지 않는 일반적인 이름으로 다양하게 불리면 고객에게 각인되기 어렵다. 검색 최적화, 웹사이트 플레이스 등록 등을 위해서라도 반드시 하나의 가게 이름으로 소통되어야 한다.

하나의 이름으로 잘 사용하고 있거나 다양한 이름 중 하나를 골라 쓰기로 정했다면 법적인 이슈도 당연히 챙겨야 한다. 상표등록이 가능한지 확인해 보자. 아무리 좋은 이름이어도 법적으로 보장받지 못하면 자칫 가게가 쌓아온 명성과 이미지를 빼앗길 위험이 있다. 실제 그런 사례를 심심치 않게 볼 수 있다. 일례로 부산의 명물인 해운대암소갈비집이 상표권 분쟁을 겪은 것으로 알려져 있다. 서울 용산구에 동일한 이름의 가게가 생긴 것이다.

"어차피 제가 프랜차이즈를 할 것도 아닌데 괜찮지 않나요?"라고 말하는 사장님을 그동안 많이 만났다. 우리 가게 이름을 사용하지 못할 수도 있으니 미리 상표등록을 해둘 것을 추천한다. 소중한 우리 가게 이름을 사장님이 아니면 누가 지킬 것인가. 비록 상표등록 과정이 복잡하고 비용도 발생하지만 추후 우리 가게를 지키려면 상표등록은 필수다.

한 줄 설명과 가게 이름 모두 짓기 어렵고 체크할 것이 많다. 그렇지만 브랜드를 시작하려면 '이름'부터 지어야 하고, 아무리 잘 지어도 '한 줄 설명'이 없으면 고객과 확실하게 소통할 수 없다. '이름'과 '한 줄 설명' 모두 제대로 만들고 제대로 체크해 우리 가게를 오랫동안 널리 알려보자.

가게 이름을 활용해 우리 브랜드 전달하기

상표등록이
되어 있나요?

하나의 이름으로
소통하고 있나요?

태그라인을 잘
사용하고 있나요?

사장님을 위한 보너스 팁 : 상표 A to Z

얼마 전 화장품 브랜드 네임을 개발할 때 일이다. 이름의 뜻도 좋고 발음하기도 좋았지만 상표등록 가능성이 매우 낮게 나왔다. 사장님도 굉장히 쓰고 싶어 한 이름이었기에 아쉬웠지만 상표등록 이슈 때문에 다른 후보를 고를 수밖에 없었다. 이처럼 가게 이름은 의미가 좋고, 발음이 쉽고, 예쁜 것도 중요하지만 상표등록 가능성도 매우 중요하다.

"상호등록이 상표등록 아닌가요?"

많은 사장님들이 우리 가게는 상호등록을 했으니 상표등록을 하지 않아도 된다고 생각한다. 그러나 상호등록과 상표등록은 엄연히 다르다. 상호는 '사업자등록증 상의 명칭'으로 상인이 영업상 일체의 법률관계를 귀속시키기 위해 사용하는 명칭이다. 의도적으로 사장님이 영업상의 경쟁을 위해 타인의 상호를 사칭하거나 사람들에게 혼돈을 주려는 의도가 아니라면 상호는 자유롭게 정해 사용할 수 있다. 반면 상표는 우리 제품, 상품을 타인의 상품과 식별되도록

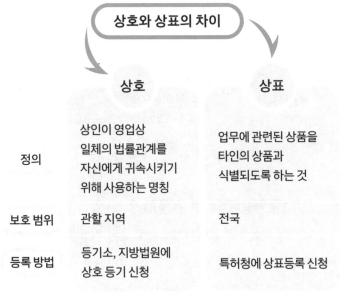

	상호	상표
정의	상인이 영업상 일체의 법률관계를 자신에게 귀속시키기 위해 사용하는 명칭	업무에 관련된 상품을 타인의 상품과 식별되도록 하는 것
보호 범위	관할 지역	전국
등록 방법	등기소, 지방법원에 상호 등기 신청	특허청에 상표등록 신청

출처 : 《상표전쟁》(신무연·조소윤·이영훈 지음, 이담북스)

하는 장치다. 상표를 등록하면 우리 제품, 상품에 대한 독점적 권리를 법적으로 보호받을 수 있다.

예를 들어 '아보카도'라는 이름으로 회사를 만들어 사업자등록증을 내고, '카도'라는 의류 브랜드를 론칭해 제품을 판매한다고 해보자. 여기서 상호는 무엇이고 상표는 무엇일까? 상호는 '아보카도'이고, '카도'는 하나의 상표에 해당한다. 물론 상호 또한 상표로 출원하여 등록할 수 있다. '아보카도'라는 회사명 역시 상표로 가능하다.

상표등록은 크게 정밀 검색, 출원, 등록의 3단계를 거친다. 상표 등록 전에 먼저 상표출원 단계를 거쳐야 한다. 일반적으로 상표등록이 가능한지 파악하는 정밀검색을 진행한 후에 검색결과가 '등록가능성 높음'으로 나오면 출원 신청을 한다. 정밀검색 결과가 '낮음'이나 '보통'으로 나와도 출원 신청은 가능하지만 상표등록은 거절당할 수 있다. 물론 '높음'으로 나온다고 100% 출원 및 등록이 되는 것은 아니다. 출원 신청 후 이상이 없으면 출원공고를 하고, 출원공고 기간 2개월 동안 제삼자가 이의신청을 하지 않거나 이의신청이 각하 또는 기각되면 상표등록 결정을 내린다.

상표출원 진행은 최소 1개월이 소요되며, 등록 진행은 6~8개월 이상 소요될 수 있다. 가게 오픈 준비를 감안하면 꽤 긴 시간이니 반드시 미리 상표등록을 해둘 것을 추천한다.

상표등록을 미루다 생기는 피해들

열심히 가꾼 가게 이름을 어느 날 다른 가게에서 먼저 상표등록하고 법적인 권리를 가져가 버린다면? 〈백종원의 골목식당〉에 나와 유명해진 '덮죽'이 그런 사례다. 덮죽은 2020년부터 상표권 분쟁 이슈를 겪고 있다. 프로그램이 방송된 다음 날 '덮죽'이라는 이름으로 다른 사람이 먼저 상표출원을 하고, 뒤이어 '덮죽덮죽'이라는 이름으로 어느 프랜차이즈 업체에서 상표출원을 하고 영업을 진행하면서 상표권 이슈가 발생한 것이다. 왜 이러한 일이 생기는 것일까?

우리나라는 개업 순서와 관계없이 먼저 출원한 사람에게 상표권을 부여하는 선출원주의를 택하고 있기 때문이다. 즉 먼저 상표권을 출원하면 상표에 대한 독점적 권리를 가질 수 있다는 말이다. 이러한 법의 사각지대를 악용해 아무런 관련 없는 사람들이 상표를 먼저 출원하는 경우가 빈번하게 일어난다. 그러니 '우리 가게는 설마 그럴 일 없겠지', '사업이 좀 더 커지면 상표등록해야지'라고 생각하지 말고 반드시 미리 해두자. 다시 말하지만 사장님의 가게를 지킬 수 있는 것은 사장님뿐이다.

그렇다고 모든 이름이 다 상표등록이 되는 것은 아니다. 《상표전쟁》이란 책에 상표등록이 거절될 수 있는 유형이 소개돼 있는데 그중 몇 가지만 추려보았다.

1. 소비자가 인식하는 상품의 보통명사를 사용한 경우

   예) 고구마, 컴퓨터, 돼지고기

2. 단순한 명칭이나 형태를 사용한 경우

   예) '카', '도'처럼 하나의 음운으로 이루어진 한글이나 한자

3. 품질, 원산지, 효능 등의 설명적 명칭이 포함된 경우

   예) 1등급, 마산아구찜

4. 공공 또는 공익적 명칭, 저명 상표를 사용한 경우

   예) 시, 군, 구의 명칭

5. 먼저 출원된 상표와 유사한 경우

출처 : 《상표전쟁》(신무연·조소윤·이영훈 지음, 이담북스)

상표와 관련해 자세한 정보가 궁금하다면 '키프리스'라는 사이트와 친해지자. 한국특허정보원에서 운영하는 대국민 특허정보 검

색 서비스로, 특허청이 보유한 국내외 지식재산권과 관련된 모든 정보가 총망라된 사이트다. 키프리스 사이트(www.kipris.or.kr)에 접속해 우리 가게의 이름을 한번 검색해 보자. 어떤 상표들이 등록되어 있는지, 어떤 상표들이 거절되었는지 히스토리를 알 수 있다.

다만 키프리스 검색은 단순 검색일 뿐이니, 실제 상표등록 가능 여부는 변리사를 통해 확인해야 한다. 변리사를 알아보는 수고로움이나 비용 때문에 변리사를 고용하는 것에 부담을 느끼는 분들도 있다. 최근에는 셀프 상표등록을 안내하는 전자책도 나오고, 유튜브 등 참고할 만한 채널이 많아져 혼자 상표등록을 해내는 사장님도 많다. 하지만 상표등록은 1년가량 걸리는 길고 복잡한 과정이기에 전문가와 함께할 것을 추천한다. 상표출원 및 등록은 상표 전문가인 변리사에게 맡기고, 가게 운영이나 메뉴 개발, 마케팅 등 사장님이 더 잘할 수 있는 일에 집중할 것을 권하고 싶다. 그편이 길게 보았을 때 사장님의 시간과 돈을 아낀다.

　지금까지 우리 가게의 이야기나 한 줄 설명 등 '언어'로 브랜드를 만들고 전달하는 법에 대해 살펴보았다. 이제는 컬러나 로고와 같은 시각 상징 요소를 통해 브랜드를 만들고 전달하는 법을 알아볼 시간이다.

　보여지는 게 전부는 아니지만, 장사에서 브랜드로 나아가기 위해서는 시각 상징 요소가 필수 중의 필수다. 같은 떡볶이를 팔더라도 로고 있는 가게가 없는 가게보다 왠지 더 믿음이 가지 않는가? 로고가 있으면 좀 더 전문적이고 체계적인 가게로 보인다. 꼭 로고가 아니어도 시각적으로 잘 정리된 가게는 이 색 저 색 중구난방으로 쓴 가게보다 한 번 더 찾게 된다.

하나의 폰트와 하나의
컬러를 사용해야 한다

어디 그뿐인가. 혹여 가게 이름이 기억하기 어렵거나 너무 평범하다면, 시각적으로 기억할 수 있는 장치가 있으면 아주 좋다. "아 그 캐릭터 있는 가게!"라며 머릿속에 쉽게 떠오를 수 있도록 해주기 때문이다.

즉 시각 상징 요소는 고객에게 신뢰감을 심어주고, 고객의 선택을 도와 브랜드를 효과적으로 각인시킨다. 그럼 이제부터 시각 상징 요소의 기본 개념을 살펴보고, 우리 가게만의 시각 상징 요소를 찾아보자.

우리 가게를 상징하는 로고, 폰트, 컬러

시각 상징 요소에는 로고, 심볼, 컬러, 아이콘, 서체, 그래픽 모티프, 패턴, 픽토그램 등이 있다. 혹여나 벌써 '말만 들어도 어렵군. 이걸 꼭 다 알아야 해?'라며 시각 상징 요소를 포기하고 싶어진다면? 걱정하지 마시라. 이 중 로고, 폰트, 컬러의 기본 개념만 잘 알아도 가게 운영에는 충분하다. 이 책에서도 로고, 폰트, 컬러를 중심으로 기본 개념을 살펴보려 한다.

첫째, '로고'는 브랜드를 나타내는 시각적 상징물이다.

로고는 브랜드를 상징하는 이미지인 심볼과 브랜드명을 텍스트로 상징하는 워드마크로 이루어진다. 우리가 자주 보는 스타벅스 로고를 한번 떠올려보자. 잘 알려졌다시피 이 로고 주인공은 세이렌, '바다의 요정'이다. 이 이미지가 심볼이고, 그 하단에 텍스트로 표현된 스타벅스를 워드마크라 한다. 아보카도에서는 로고 형태를 크게 콤비네이션 형과 워드마크 형, 두 가지로 구분한다.

- 콤비네이션 형 : 심볼과 워드마크가 합쳐진 형태의 로고
- 워드마크 형 : 심볼 없이 브랜드명을 텍스트로 표현한 로고

둘째, '폰트'는 서로 어울리도록 모양, 양식 등의 일관성을 갖춘 글자의 모둠으로 흔히 서체, 글씨체라 불린다. 이 책에서는 서체라고 통일해 설명하겠다.

서체는 브랜드의 분위기에 크나큰 영향을 미친다. 궁서체를 쓰면 왠지 모르게 진지해 보이지 않는가. 서체는 무척 다양하지만 크게 '세리프(Serif)'와 '산세리프(SanSerif)'로 나눌 수 있다. 세리프는 '삐침'이라는 뜻으로 세리프는 삐침이 있는 서체, 산세리프는 삐침이 없는 서체다. 세리프의 대표적인 예가 명조체, 산세리프의 대표적인 예가 고딕체다.

　－ 세리프 : 활자 끝에 삐침이 있는 서체. 예) 명조체
　－ 산세리프 : 활자 끝에 삐침이 없는 서체. 예) 고딕체

　명조체는 획 끝에 삐침이 있어서 역사성을 띤다. 전통이 있고 역사성을 강조하고 싶은 가게라면 명조체를 추천한다. 단정하고 깔끔한 분위기를 전달하고 싶다면? 고딕체를 추천한다. 디지털 환경에서는 삐침 없는 고딕체의 가독성이 훨씬 좋다.

　고딕체도 끝이 둥근 서체와 각진 서체로 나뉜다. 끝이 둥근 고딕체는 발랄하고 유쾌한 이미지, 끝이 각진 고딕체는 좀 더 단정하고 전문적인 분위기를 전달한다. 물론 개별 서체의 디테일과 함께 사용되는 사진 및 그래픽 이미지에 따라 분위기가 달라질 수 있다는 점을 고려하자.

　가게에 맞는 폰트 선정만큼 중요한 게 있으니 바로 라이선스다. 폰트마다 사용 범위가 다르고, 무료 다운로드 폰트라 하더라도 사용

범위에 따라 상업용으로 쓰기 어려운 경우가 종종 있다. 그러니 무료 폰트라고 안심하지 말고 상업용 사용불가, 변형 사용불가 등의 별도 조건이 있는지 꼼꼼히 확인해 보기 바란다. 하나하나 확인하기 어렵다면 문화체육관광부에서 제공하는 '안심 글꼴 파일 서비스'를 참고하자. 저작권 염려 없는 폰트들을 다운받아 쓸 수 있다.

셋째, '컬러'는 말 그대로 색상이다.

얼마 전 창업 준비팀을 대상으로 브랜드 워크숍을 진행했다. 우리 브랜드에 맞는 컬러를 정하는 시간이 있었는데 팀 내에서도 '우리는 분홍색이 어울려', '무슨 소리! 우리는 갈색이지'라며 의견이 갈렸다. 그만큼 컬러는 굉장히 주관적이고, 그래서 더 어렵다. 오죽하면 로고를 만들 때 가장 많이 듣는 말 중 하나가 "어울리는 컬러로 알아서 정해 주세요"일까.

특정 컬러를 정하기 어렵다면 업종별로 많이 사용하는 컬러를 쓰거나 무드에 맞는 대표적인 컬러를 사용해 보자. 가령 외식업체 사장님이라면 어떤 컬러를 사용하면 좋을까? 바로 음식이 맛있어 보이는 컬러다. 일반적으로 사람들은 붉은 계열의 색상을 보면 식욕이 돌고, 푸른 계열의 색상을 보면 식욕이 떨어진다고 한다. 우리 가게만의 컬러나 우리 가게에 대해 고객이 느끼는 특정 컬러를 찾기 어려운 외식업체 사장님이라면 붉은 계열 또는 따뜻한 난색 계열 컬러를 써 볼 것을 추천한다.

● 업종별, 무드별 추천 컬러 ●

– 한색 : 차가운 온도감을 주는 색상.

　　시원, 침착, 차분함을 주는 컬러.

– 난색 : 따뜻한 온도감을 주는 색상.

　　편안, 포근, 유쾌, 만족감을 주는 컬러.

그렇지만 외식업이라 해서 반드시 난색 계열만 써야 하는 것은 아니다. '스페셜티 커피'라는 명확한 컨셉을 표방한 블루보틀은 도회적인 하늘색을 사용해 브랜드가 의도한 세련된 이미지를 전달한다. 스타벅스는 아늑한 분위기와 대중적인 브랜드 이미지를 주고자 따뜻하고 친근해 보이는 초록색을 사용한다. 이처럼 컬러 사용에 정답은 없으며 가게의 '자기다움'에 적합한 색을 써야 한다.

우리 가게의 이미지를 상상하고 전달하기

지금까지 시각 상징 요소의 기본 개념에 대해 알아보았다. 조금 감이 오는가? 그렇다면 다행이다. 개념을 이해했다면, 이제 적용 단계인 '시각 상징 요소 찾기'를 해보자.

다만 그 전에 해야 할 작업이 있다. 디자인 컨셉을 정하는 것이다. 디자인 컨셉을 정한다니 어렵게 느껴질 수 있지만, 자기다움에 맞게 디자인을 풀어가는 방향성을 정하는 일이라 이해하면 된다. 디자인 컨셉을 잡을 때도 놓치지 말아야 할 한 가지가 있으니 바로 '명확한 하나의 이미지 전달'이다. 한 줄 설명이라는 언어표현과 마찬가지로 시각 상징 요소 역시 명확해야 한다.

베트남 쌀국숫집을 운영하는 사장님의 브랜딩을 도운 적이 있다. 베트남 북부 쌀국수를 표방하는 데에서 자기다움을 발견해 '베트남 북부 현지의 감성을 가져온 베트남 음식점'이라는 브랜드 디자인 컨셉을 잡았다. 만일 여기서 욕심을 부려 '아, MZ세대를 타깃으로 해야지!' 하면서 GFFG의 노티드 도넛처럼 귀여운 디자인 컨셉도 추가하고, 한국의 전통 요소를 노린다면서 고전적 디자인 컨셉도 넣는다면? 베트남 현지 느낌은 사라지고 세계 엑스포가 되지 않을까?

특히 시각 상징 요소는 시각적인 결과물로 나오는 데다 곧바로 노출되기에 좋아 보이는 것들이나 유행하는 요소들을 넣고 싶은 유혹을 느끼기 쉽다. 그러나 유혹과 욕심을 단호히 물리치고 명확한 한 가지 컨셉에 집중하자. 덜어내는 것은 어렵지만 어려운 일을 해낼 때 다른 가게와 차별화할 수 있다.

'명확한 한 가지'의 중요성을 인지했다면, 이제 시각 상징 요소를 찾을 수 있는 질문에 답할 차례다. 다음 질문에 하나씩 답해 보자.

사장님을 위한 질문

1. 사장님이 생각하는 우리 가게 컬러와 이미지는 무엇인가요?
2. 우리 가게를 떠올릴 때 고객이 느끼는 컬러와 이미지는 무엇일까요?
3. 우리 가게를 가장 잘 설명할 수 있는 단어와 형용사는 무엇인가요?

아보카도와 브랜딩을 진행한 포소이 가게 모습 (출처 :포소이)

질문에 바로 답하기 어렵다면 가게가 닮고 싶은 이미지를 모아 보는 것도 방법이다. 거리를 다니며 닮고 싶은 매장의 사진을 찍고 SNS에서 닮고 싶은 가게의 이미지를 찾아 저장해 보자. 이런 자료들 이 모이면 우리 가게를 시각적으로 어떻게 보여주고 싶은지가 드러 나기 시작한다. 브랜드 이름이나 사장님의 취향에서 시각 상징 요소 를 찾아보아도 좋다.

앞서 소개한 베트남 쌀국숫집은 '베트남 북부 현지 감성을 가져 온 베트남 음식점'이라는 디자인 컨셉에 맞춰 컬러는 베트남에서 많 이 사용하는 노란색, 폰트는 현지 느낌에 친근함을 더한 필기체를 적 용했다. 여기에 좀 더 차별화를 주고자 가게 이름에 들어간 '늑대'를 로고의 심볼로 사용했다.

아보카도와 브랜딩을 진행한 초식곳간 가게 모습 (출처 : 더워터멜론)

'셰프가 만든 뿌듯한 일상의 채식.'

1장에서 소개한 브랜드 '초식곳간'의 디자인 컨셉이다. 셰프가 직접 만든다는 전문성을 보여주면서도 일상에서 주식으로 먹을 수 있다는 접근성을 강조하기 위해 요리사 모자를 쓴 사장님 얼굴을 캐릭터로 표현했다. 초록색을 메인컬러로 사용해 샐러드의 신선함을, 고딕체로 전문적이며 친절한 가게 이미지를 나타냈다.

시각 상징 요소라 하면 '그냥 예쁘게 디자인하는 것 아니야?'라고 오해하는 경우가 많다. 아보카도가 만난 사장님들도 "그냥 알아서 예쁘게 만들어주세요!"라는 주문이 대부분이다. 물론 보기에 매력적이고 트렌디한 시각 상징 요소는 단박에 사람들의 시선과 인기를 끌 수 있다. 그렇지만 시각 상징 요소의 본질과 기준은 예쁘고 멋진 것이 아닌 '자기다움'이다. 우리 가게의 특성을 반영하고 가게의 핵심과 잘 어울려야 한다는 얘기다. 가게와 어울리지 않으면서 그저 예쁘기만 한 로고, 유행하는 컬러와 폰트는 유행하는 옷을 무작정 걸친 모습과 다르지 않다. 우리 가게만이 지닌 '자기다움'을 시각 상징 요소에 넣어야 브랜드의 진정성이 고객들에게 전달되고, 자연스러운 차별화에 성공할 수 있다. 예쁘고 멋지게 다듬는 일은 그다음이라는 사실을 잊지 말자.

"시작하는 브랜드일수록
더 엄격하게,
더 심플하게, 더 쉽게"

SUPER SUPER SUPER

SUPER   SUPER   SUPER

SUPER   SUPER   SUPER

SUPER

SUPER SUPER SUPER SUPER
SUPER SUPER SUPER SUPER
SUPER SUPER

interview

슈퍼말차

"브랜드를 일관성 있게 보이는 게 중요해요.

특히 시작하는 브랜드, 스몰 브랜드일수록

더 엄격하게, 더 심플하게, 더 쉽게 해야 합니다.

그렇지 않으면 브랜드가 섞이고,

고객들에게 혼란을 줘요.

스몰 브랜드일수록 타협이 많아요.

유혹도 많고 금전적 문제도 있죠.

이럴 때 타협하지 않는 창업가의 집념이

브랜드를 좌우해요.

성혜진 부대표

또 타협하는 브랜드가 많기에

타협하지 않는 모습이

스몰 브랜드의 신선한 전략이 되죠."

슈퍼말차와 부대표님 소개 부탁드립니다.

티(tea) 전문 브랜드 '힛더티'의 성혜진 부대표입니다. 힛더티는 '슈퍼말차'라는 말차 브랜드를 비롯해 건강한 슈퍼푸드 문화를 만들어가는 F&B 기업입니다. 2017년 3월 황성호 대표님과 공동 창업했어요. 저는 기획과 디자인, 마케팅 등 브랜딩을 총괄 담당하고, 황 대표님은 재무, 세일즈, 해외 진출 등 전반적인 경영을 맡아 서로 파트를 나누어 회사를 운영하고 있습니다.

두 분 모두 처음부터 '차(tea)'와 관련된 일을 하신 게 아닌데, 차의 어떤 매력에 이끌려 창업하셨는지 궁금합니다.

저는 원래 창업 생각이 없었어요. 디자인을 전공하고 IT 대기업, 브랜드 컨설팅사를 다니다 디자인 공부를 더 하려고 대학원 유학을 준비하고 있었어요. 해외에서 브랜드를 만들고 싶은 목표는 있었지만 스스로 사업가형은 아니라고 생각했어요.

반면 황 대표님은 플랜트 산업 안에서도 사업 개발 업무를 했어요. BM을 만들고, 전략을 짜고, 해외 비딩 등을 하며 자연스럽게 본인 사업에 대한 꿈을 가졌죠. 그러다 라이프스타일 관련 B2C 브랜드를 고민하게 되었고, 제 역할이 브랜딩에 도움이 될 수 있겠다 싶어 함께 만들게 되었습니다.

차 브랜드를 시작한 건 황 대표님이 차와 음료를 굉장히 좋아해서예요. 해외에서 학창시절을 보내고 자주 해외 출장을 다니면서 차를 일상에서 편히 접할 수 있었는데 우리나라는 유독 차 문화를 낯설

어한다는 생각을 했대요. 시장이 커피 위주로 형성된 터라 차를 쉽게 즐기기가 상대적으로 어렵고, 차 브랜드에 대한 선택권이나 인프라가 부족하다고 느낀 거죠. 회사에 다닐 때 탕비실에는 녹차, 둥굴레차같이 종류가 매우 제한적이어서 해외 직구도 많이 했대요. 그러다 보니 '이게 단순히 개인의 문제인가?' 하는 생각을 한 거죠. 차 문화가 본인뿐 아니라 젊은 세대 전반에 제한적이라면 이건 기업이 해결해야 하는 문제이고 블루오션이 되겠다고 판단했고, 밀레니얼 세대를 위한 차 문화를 만든다는 브랜드 미션을 정하고 창업했어요.

개인이 겪는 문제에서 출발했지만 마켓 사이즈나 미래 성장 가능성 등 투자적인 관점으로도 충분히 검토했어요. 그렇다면 비즈니스로서 가능성이 있고, 브랜딩이라는 제 역량이 차 문화의 문제해결 전략이 될 수 있겠다 싶었어요. 우리의 개인적 역량으로 하나의 문화를 바꿀 수 있다면 이 사업을 하지 않을 이유가 없겠다는 생각에 같이하게 됐습니다.

보통 F&B 브랜드는 본인이 좋아해서 시작하곤 하는데, 굉장히 전략적으로 접근하셨네요.

시장이 원하지 않는 브랜드를 하면 자기만족으로 사업이 끝날 수 있어요. 사업 확장 가능성을 보고 이왕이면 같은 에너지와 비용을 투입해서 더 파급력 있는 브랜드를 하자는 욕심이 컸죠. 황 대표님은 경영을 전공하고 저도 브랜드 컨설팅 회사 경험이 있다 보니 더 전략적으로 접근한 것 같네요.

사업하기 전에 검증하는 시간도 오래 가졌어요. 하이트진로에서 주관한 청년창업리그라는 청년 창업 육성 프로그램이 있었어요. IT 쪽은 청년 창업을 지원하는 데모 데이가 많은데, 그때만 해도 F&B 쪽은 생소했어요. 하이트진로에서 처음 시도한 F&B 쪽 데모 데이였고, 2016년이 1회였어요. 저희는 '큐레이션 티'라는 아이디어에 대해 피드백을 받고 싶어서 지원했죠. 1차 서류심사에서 90팀이 통과하고 이후 본선, 16강, 4강 이렇게 토너먼트식으로 피칭을 했는데, 그 짧은 경험이 투자를 위한 IR을 연습하는 시간이 되었죠. IT 스타트업이 아니라 문화를 만드는 일 또한 혁신이 되고, F&B도 충분히 가치를 올리는 비즈니스가 될 수 있겠다고 생각하게 되었어요.

사람들이 슈퍼말차라는 브랜드를 좋아하는 이유는 무엇인가요?

한마디로 표현하면 '익숙한 것에서 오는 의외성'이 아닐까 생각해요. 오히려 등잔 밑이 더 어둡다고, 너무 익숙한 경험이나 물건 안에서는 의외성을 찾기가 어렵잖아요. 차의 오랜 역사와 문화 습관에 익숙해져 버린 대중에게 새롭게 바라보는 '질문'을 던지는 역할을 하는 것입니다. '전통과 규율'을 지닌 헤리티지도 물론 중요하지만 그것이 불편함을 안기면서 거리를 두게 하는 것보다는 '쉽게 즐기는' 사고의 전환을 통해 먼저 다가가고 싶어지는 문화적 관점이 필요하다 생각했어요. 기존의 다도 이미지에 익숙한 기성세대들도 변화의 목적에 공감해 주시는 게 아닐까 생각해요.

슈퍼말차라는 브랜드 네임은 어떻게 지으셨나요? 직관적인 장점이 있는 반면 '말차'에 한정되어 있어 브랜드를 확장하기엔 제한적이지 않을까 하는 우려는 없었나요?

슈퍼말차라는 브랜드명은 말 그대로 뛰어난 말차라는 직관적 의미도 있는데, 특히 말차는 차 중에서도 슈퍼히어로라 불릴 만큼 영양소가 풍부해요. 저희가 차 또는 말차를 단순히 원재료의 시각으로만 봤다면 이 비즈니스는 무척 한정적이었을 거예요. 그러나 저희는 기호성이 아닌 기능성의 관점에서 차를 바라보고, 큐레이션이나 블렌딩 개발 제조를 통해 '차를 마셔야 하는 이야기'를 전하는 데 초점을 맞춥니다. 그중에서도 말차가 지닌 풍부한 영양소와 가루로 된 고형차라는 형태적 간편함에 주목했고요. 특히 웰니스를 추구하는 MZ 세대들에게 슈퍼푸드의 가치로서 슈퍼말차의 확장 가능성은 무궁무진하다고 보고 있습니다.

차별화된 제품 이외에 '초록색'이라는 명확한 상징 요소를 갖춘 덕에 브랜딩이 더 잘되었다고 봅니다. 초록색을 선택하신 이유와 컬러가 슈퍼말차 브랜딩에 어떻게 도움이 되었는지 궁금합니다.

슈퍼말차 브랜드 컬러 또한 '사고의 전환'이라는 전략에서 사용했어요. 기업 관점에서 브랜드를 만들면 다른 기업들의 레퍼런스를 참고하게 되는데, 그러면 브랜드 차별화가 '상대성'에서 와요. 결국 다른 기업들이 쓰지 않던 것, 하지 않은 것을 하기 위해 남들이 따라올 수 없도록 어려운 컬러를 쓰거나, 복잡한 브랜딩을 하게 됩니다.

제가 좋아하는 디자인 접근 방식은 소비자 입장에서 개선점을 바라보는 거예요. 차별화를 이야기하고 싶은 기업 입장이 아닌 100% 소비자 입장에서 접근했어요. 소비자에게 말차는 생소하고 어려운 문화일 거라는 전제하에 시작하는 거죠. 마치 아이에게 처음 한글을 가르칠 때 많은 설명과 이해를 구하기보다는 직관적인 그림으로 설명하듯이 텍스트가 필요 없는 방법으로 '색'을 주효하게 사용했어요. 슈퍼말차의 시그너처 컬러가 된 녹색 또한 컨셉 설명이 필요 없는 말차색 그대로의 컬러이기도 합니다.

실제 녹차나 말차는 등급에 따라 색이 다른데요, 녹차는 햇빛을 받아 노란 빛이 강한 탁한 녹색인 반면 말차는 차광재배(어두운 막을 씌워 햇빛을 차단한 채 재배하는 방식)로 광합성을 억제해 엽록소나 영양소가 더욱 응축돼 푸르른 녹색을 띠게 됩니다. 슈퍼말차가 사용하는 말차 등급 또한 다도용으로 사용할 정도의 최상 등급이므로, 컬러 커뮤니케이션이 브랜드를 가장 직관적으로 대변할 수 있겠다고 판단했어요. 브랜드가 추구하는 이야기에 따라 컬러 마케팅이 효과적일 수도 아닐 수도 있겠지만 슈퍼말차는 원재료의 신뢰를 담는 중요한 가치 전략으로 사용하고 있어요. 내부적으로도 컬러 가이드의 중요성을 지속적으로 인지시키며 유지하고자 많은 노력을 하고 있습니다.

146

스몰 브랜드의 사장님들은 SNS를 반드시 해야 한다고 생각하시나요?

기업의 상황과 타깃에 따라 달라질 것 같아요. 콘텐츠 퀄리티를 끌어올릴 수 있다면 SNS가 장점이 되죠. 그렇지만 일당백인 자영업을 하면서 SNS까지 잘하기는 현실적으로 어려워요. 내부에 콘텐츠 퀄리티를 높일 수 있는 인적자본을 둘 수 있느냐 혹은 그만 한 자본이 있어 아웃소싱으로 운영할 수 있느냐로 접근해 본다면 채널 운영을 할수 있다, 없다로 쉽게 답이 나와요. 만약 할 수 없다는 판단이 들면 저는 빠르게 포기할 것 같아요. 단순히 SNS가 유행이니 해야 한다는 부담을 포기하고 제가 잘할 수 있는 역량에 집중하는 것도 방법이 될 것 같습니다.

요리를 잘하는 사람이 그 일을 진정성 있게 한다면 소비자들도 충분히 알아요. 여기는 음식을 정말 잘 만드는데 SNS는 못한다고 생각하고, 그것 때문에 싫어하거나 하진 않죠. 반면 정말 마케팅 역량이 있다면 잘 팔리는 스토리를 만들고, 꾸준히 포스팅해서 소비자와 공감하고, 상호작용하는 콘텐츠를 만들어 강점에 집중하는 전략이 필요해요. 타깃이 SNS를 열심히 하는 층이라면 SNS를 하면서 본인이 잘할 수 있는 역량에 집중하고 시도해야겠죠. 그런데 우리 타깃의 연령대가 높거나 동네 상권이라면 SNS가 아니라 다른 방법으로도 고객과 소통하고 우리를 알리는 접점을 만드는 게 중요하다 생각해요.

슈퍼말차의 더티 콘 아이스크림 (출처 : 슈퍼말차 브랜드 공식 이미지)

슈퍼말차의 대표 음료 말차라떼 (출처 : 슈퍼말차 브랜드 공식 이미지)

슈퍼말차 브랜드가 잘되겠다고 느낌이 온 결정적인 순간이 있었나요?

저희는 브랜드 인지 목표를 조금 더 길게 봤어요. F&B 중에서도 특히 차 문화는 단순히 오늘내일 사람들이 카페에 많이 방문하고 입소문이 나는 것만으로 바뀌기는 어렵다고 생각해요. 본질적으로 생활 패턴부터 시작해 소비의 이유를 바꿔야 하죠. 애프터눈티로만 차를 마시던 문화와 습관을 바꾸는 건 오랜 역사를 바꾸는 거예요. 저희는 궁극적으로 이 지점에 기여하고 싶어요. 그런 면에서 아직까지 문화적 기반의 브랜딩을 쌓아가고 있는 새내기 단계라 생각합니다.

최근 슈퍼말차가 GS25와의 콜라보레이션으로 주목받았습니다. 협업 제의를 많이 받으실 텐데 브랜드 관점에서 슈퍼말차의 협업 기준이 궁금합니다.

과거에는 저희가 주로 제안을 하는 편이었고 거절도 많이 당했어요. 요즘은 커피가 대세 문화이기도 하고, 맥주나 베이커리 등 사람들이 선호하는 걸 놔두고 왜 생소한 말차를 하느냐는 말도 여러 차례 들었어요. 가끔 저희에게 공감하셔서 제안이 성사되는 경우도 있죠. 말차도 생소한데 차 문화를 바꾸겠다는 시도에 대한 레퍼런스도 없으니 성공은 장담 못하지만 그분들도 일단 해보는 거예요. 기업 내부 설득을 많이 하셨다 하더라고요. 그러면서 이게 된다는 시선이 조금씩 생기고, 저희도 더 용기 있게 제안하면서 성공사례를 만들어가고 있습니다.

우선은 협업 과정에서 양사의 브랜드 가치와 철학을 분명하게 존중하고 지키기 위해 많은 공부를 합니다. 저희도 내부적으로 브랜드 에셋 가이드를 엄격하게 유지하려고 노력하는데, 협업을 하다 보면 이 부분이 다양한 이해관계로 인해 흐트러질 때가 있어요.

작은 예로 최근에 저희가 하남 스타필드에 오픈했어요. 그런데 스타필드의 브랜드 컬러가 빨간색이에요. 신규 오픈 매장은 'NEW OPEN'이라는 빨간색 POP를 달아야 해요. 오픈 전날 매장에 방문했는데, 저희 녹색 간판 위로 빨간색 대형 POP가 와이어로 걸려 있었어요. 시각적으로 컬러 점유가 굉장히 강해서 빨간색이 먼저 보이고 그다음 저희 초록색 컬러가 보이더라고요. 그래서 담당자분께 이 POP를 걸 수 없다고 간곡하게 요청했어요. 저희의 고집에 결국 오픈 POP를 걸지 않은 최초의 입점 매장이 되었고요.

스타필드가 보기엔 고집불통의 협력사라 생각하실 수 있죠. 하지만 저는 브랜드를 일관성 있게 보이는 게 중요하다 생각해요. 특히 시작하는 브랜드, 스몰 브랜드라면 더 엄격하게, 더 심플하게, 더 쉽게 해야 합니다. 그렇지 않으면 브랜드 이미지가 섞이고 고객들에게 혼란을 줘요. 스몰 브랜드일수록 타협이 많아요. 유혹도 많고 금전적 문제도 있죠. 이럴 때 타협하지 않는 창업가의 집념이 브랜드를 좌우해요. 또 타협하는 브랜드가 많기에 타협하지 않는 모습이 스몰 브랜드의 신선한 전략이 되죠.

스몰 브랜드에 브랜딩이 반드시 필요한가요? 그 이유는 무엇이라 생각하세요?

단순히 시각적 임팩트가 아니라 우리가 어떤 사업을 하고, 소비자에게 어떤 경험을 주고 싶은지 이야기하는 것이 '브랜딩'이라면 스몰 브랜드야말로 브랜딩이 필수불가결하죠. 우리가 어떤 브랜드이고, 이 브랜드를 통해 고객에게 어떤 경험을 주는지가 명확해야 비즈니스 매출로 연결돼요. 우리가 제공하려는 경험을 무형적 가치로 만들어 서비스화하면 비즈니스 모델이 돼요. 이 과정이 곧 브랜딩입니다.

이제 소비자들은 유형적 가치, 무형적 가치 모두 고려해 브랜드를 선택해요. 유형적 가치만 전달하면 소비자는 한 번 사고 잊어버릴 수 있어요. 일회성 구매만으로 비즈니스를 끝내도 된다면 어쩌면 브랜딩이 크게 필요하지 않겠죠. 하지만 지속 가능하고, 재구매를 하는 비즈니스라면 무형적 가치를 고려해야 해요. 소비자들의 수준은 점점 높아져서 무형적 가치에 공감해야만 구매하는 소비자들이 많아지고 있어요. 소비자의 성장에 맞춰 자영업자들도 성장해야 한다는 명분으로만 봐도 브랜딩은 꼭 필요합니다.

부대표님이 생각하는 브랜드란 무엇인가요?

'순수한 마음의 비즈니스화'가 브랜드라 생각해요. 저는 아이들을 좋아해요. 특히 책《어린 왕자》와 작가 생텍쥐페리를 굉장히 좋아하는데요, 《어린 왕자》를 보면 어린이나 어른 모두 '순수함'이라는 결정체가 있어요. 그 순수함을 작품으로 표현하면 예술이고, 관계로 표현하면 사랑이고, 비즈니스로 표현하면 브랜드가 된다고 생각해요. 이 순수함이 있는 비즈니스야말로 브랜드 이야기를 만들고 진정성을 만들어요.

생텍쥐페리가 비즈니스를 했다면 브랜드를 만들지 않았을까요? 저는 생텍쥐페리처럼 되고 싶어요. 문화 비즈니스를 통해 영리를 추구하면서도 순수함과 선한 영향력을 줄 수 있다고 생각해 이 사업을 시작했어요.

마지막으로 슈퍼말차처럼 자기다운 브랜드를 만들고자 하는 사장님들께 조언해 주신다면?

먼저 '고객에게 어떤 이야기를 하고 싶은가'를 아주 깊게 고민하고 시작하는 것이 중요한 것 같아요. 깊이 고민하지 않고 단순히 자극적이거나 후킹할 수 있는 이야기를 하려다 보면 모순이 생기는데, 고객들도 한두 번 브랜드를 경험해 보면 이야기의 깊고 얕음을 금방 느껴요. 제가 생각하는 F&B 폐업의 이유 중 하나가 '얕음'이에요. 코로나라는 특수 상황으로 얕음이 더 쉽게 드러나게 됐고요. 이를 단순히 운이 나빠서라고, 경쟁에서 밀려서라고 보면 안 된다고 생각해요. 그러니 본인의 진짜 이야기를 깊게 고민하고 사업을 시작하시면 좋겠어요. 그 이야기를 꺼내는 게 어려우시면 브랜드 컨설팅을 받아보는 방법도 추천합니다. 단, 브랜드 컨설팅으로 답을 얻겠다는 것보다는 생각해 보고 고민하는 계기로 삼으시면 좋을 것 같아요.

시각 상징 요소의 개념과 적용에 대해 알아보았으니 이제 본격적으로 활용법을 알아보자. 활용이라는 단어의 뜻은 '충분히 잘 이용함'이다. 그렇다. 시각 상징 요소는 충분히 잘 이용해야 고객들에게 제대로 각인된다. 그렇지만 사장님들에게 활용은 말처럼 쉽지 않다. 컬러와 폰트는 정했는데 어떻게 활용해야 할지 모르는 경우가 많고, 외주를 맡기거나 주변 지인을 통해 로고는 만들어놨는데 디자이너가 없어서 어떻게 활용해야 할지 모르겠다는 고민도 흔하다.

그렇지만 수많은 어려움 속에서도 우리 사장님들은 답을 찾지 않았는가? 어떻게 상징 요소를 활용해야 할지 모르는 사장님들을 위해, 디자이너가 없어 활용이 막막하다는 사장님들을 위해, 쉽게 시도

브랜드 상징 요소로
한 우물을 파야 한다

할 수 있는 두 가지 방법을 소개한다.

한 가지 컬러와 한 가지 폰트로 한 우물 파기

어느 날 성수동을 지나가다 저 멀리 민트색 간판과 각진 폰트로 재치 있게 꾸민 건물이 눈에 띄었다. 순간적으로 '배달의민족에서 무슨 행사 하나?'라는 생각이 들었는데, 놀랍게도 정말 배달의민족에서 하는 팝업스토어였다. 멀리서도 한 번에 브랜드를 떠올리게 하는 힘! 몇 년에 걸쳐 줄기차게 민트색과 자체 폰트를 밀어붙였기에 가능한 일이다.

우리 가게만의 자기다움이 담긴 컬러, 폰트, 심볼을 정했다면 이제 배달의민족처럼 꾸준히 한 우물을 팔 시간이다. 민트색을 보면 배달의민족이 떠오르고, 오렌지에 가까운 밝은 주황색을 보면 에르메스가 떠오르고, 보라색을 보면 마켓컬리가 생각난다. 우리 브랜드만의 컬러를 쓰면 브랜드를 또렷하게 각인시키는 것은 물론, 광고비 등을 절감하는 비용 최적화 효과까지 얻을 수 있다. 쉽게 말해 컬러와 폰트를 정하는 것도 중요하지만 한 우물을 파야 돈을 더 벌 수 있다는 것이다.

슈퍼말차는 자기만의 컬러와 폰트의 일관된 사용으로 매력적인 브랜드 경험을 제공하는 대표적인 브랜드다. 왠지 어렵게 느껴지는 차(tea) 문화를 전달하고자 말차를 직관적으로 나타내는 '초록색'과 타깃인 밀레니얼 세대에 맞게 '볼드한 고딕체'를 사용한다.

슈퍼말차의 키컬러는 슈퍼말차에서 사용하는 최상위 등급 말차의 색상이다. 말차의 슈퍼푸드 이미지를 연상시키는 볼드한 고딕체는 현대적인 분위기를 자아낸다. 어렵지 않고 간편하게 즐길 수 있는 차 문화를 전 세계에 전한다는 슈퍼말차의 비전과 맞닿아 있는 시각 상징 요소다. 패키지 디자인 역시 컬러와 폰트 위주로 심플하게 구성되어 확실하게 슈퍼 말차를 각인시킨다.

슈퍼말차의 성혜진 부대표는 브랜드 가이드를 지키는 일에 엄격하다고 말한다. 작은 브랜드일수록 일관성 있게 브랜드를 전달해야 고객들에게 혼란을 주지 않고 제대로 가닿을 수 있기 때문이다. 일례로 여의도 더현대서울에 오픈한 '슈퍼말차 25 팝업스토어'는 일관된 컬러와 폰트 사용으로 여타 팝업스토어보다 더 주목받았다. 더

일관되게 브랜드 컬러와 폰트를 지키는 슈퍼말차 (출처 : 슈퍼말차 브랜드 공식 이미지)

현대서울이라는 다양한 컬러를 뽐내는 브랜드가 모인 공간에서 하나의 컬러와 폰트만 쓰는 것은 큰 모험이다. 팝업스토어는 단기간에 많은 사람의 시선을 끌어야 하기 때문이다. 그럼에도 뚝심 있게 자기만의 컬러와 폰트로 정체성을 전달한 결과 다른 팝업스토어들과 차별화되고 더 큰 관심을 받았다.

'컬러 좀 다르게 쓴다고 문제가 되겠어?', '요즘은 이 폰트가 유행이니 바꿔서 써봐야지'라는 식의 작은 타협들이 반복될수록 브랜드 자산은 흩어지고 흐릿해진다. 물리적, 금전적 부담이 큰 오프라인 매장을 운영하는 사장님들은 타협의 유혹에 빠지기가 더 쉽다. 온라인은 콘텐츠 이미지를 디지털로 만드는 만큼 제작 이슈가 오프라인보다 적다. 반면 오프라인에서는 '컬러 프린트도 돈인데 모든 POP

에 컬러를 써야 하나?', '공간이 남는데 한 가지 컬러와 한 가지 폰트만 쓰면 너무 밋밋하지 않나?' 하는 생각이 들기 십상이다. 하지만 슈퍼말차의 조언을 기억하자. 작은 브랜드일수록 타협하지 않고 더 단순하게, 더 하나로만 가야 한다. 그래야 더 눈에 띄고 더 빛날 수 있다.

어디에든 우리 상징 요소를 보여주기

활용의 사전적 정의인 '충분히 잘 이용함'을 다시 살펴보자. 한 가지 컬러와 폰트로 한 우물 파기가 '잘' 이용하는 것이라면 남은 것은 '충분히'다. 눈치 빠른 사장님들은 무슨 뜻인지 아셨을 것이다. 시각 상징 요소를 활용하는 두 번째 방법은 바로 충분히 자주 보여주는 것이다.

고객은 우리의 예상보다 언제나 더 바쁘다. 매일매일 온오프라인에서 수많은 광고, 간판, 홍보물, 웹사이트 등 다양한 시각적 요소에 노출된다. 그렇기에 우리만의 시각 상징 요소를 충분히 노출시켜야만 고객들에게 각인시킬 수 있다.

애플의 에어팟이 처음 출시되었을 때를 기억하는가? 다들 콩나물처럼 생겼다며 이상하다고 했지만 지금 그 디자인을 그렇게 평가하는 사람은 거의 없을 것이다. 오히려 멋스럽다 여기며 에어팟을 쓰는 사람들이 대부분이다. 애플이어서 가능한 일이었을까? 그보다는 시각적으로 자주 노출돼 사람들에게 익숙해졌기 때문이다. 작은 가게의 사장님들이 전문 디자인 인력을 갖춘 대기업이나 프랜차이즈에 비해 월등한 디자인 퀄리티를 갖추기 어려운 것은 당연하다. 그렇기에 우리 브랜드의 상징 요소를 자주 고객들에게 노출시켜 우리 가게를 친숙하게 만들고 확실하게 각인시켜야 한다.

약수역 부근의 인기 고깃집 '금돼지식당.' 이름처럼 동그란 돼지코 로고가 손님을 반긴다. 많은 삼겹살집이 돼지를 활용한 로고를 쓰는데 유독 금돼지식당 로고만 기억에 선명한 이유가 무엇일까? 맞다, 차이점은 바로 '빈도'다. 일반적으로 고깃집에 가면 주류 회사 로고가 새겨진 앞치마를 건네준다. 그런데 금돼지식당의 앞치마에는 귀여운 돼지코 로고가 찍혀 있다. 심지어 테이블 위 냅킨에도 금돼지식당 로고가 있다. 평소 같으면 굳이 사진을 찍지 않았을 텐데 괜히 돼지코 로고가 찍힌 앞치마를 입고 사진도 찍고 SNS에 올려본다. 최근에는 금돼지식당 밖에서도 이 로고를 볼 수 있다. 다양한 기업들과 콜라보레이션한 의류, 침구, HMR 제품 등에 금돼지식당의 돼지코가 들어간다. 금돼지식당에 와본 적 없는 사람들에게도 자연히 금돼지식당이라는 브랜드를 알리는 전략이 된다.

'당 앞에 당당해지라'는 슬로건을 가진 버터바 맛집 '맛나제과.' 맛나제과에는 '버터몬스터'라는, 귀엽지만 사악한 칼로리를 가진 캐릭터가 있다. 맛나제과 매장에 가면 버터몬스터가 두 팔 벌려 손님을 환영해 준다. 테이크아웃 방식으로만 운영되기에 손님들이 잠시 머무르는 동안에라도 재미를 주고 싶었다는 사장님의 배려와 위트가 느껴진다. 입구뿐 아니라 매장 내부, 패키지, 홀더 등 맛나제과의 구석구석이 버터몬스터 캐릭터로 꾸며져 있다. 캐릭터가 있는 것도 중

맛나제과에 가면 가장 먼저 보이는 버터몬스터 (출처 : 더워터멜론)

요하지만 무엇보다 빠르게 버터몬스터를 활용했다는 점이 인상적이다.

　종종 브랜드 로고를 만들고 마음에 드는 로고가 나온 후에도 정작 적용하지 않는 사장님들이 예상 외로 많다. 기존 로고로 제작해둔 포장 패키지를 다 쓰고 난 후에야 새로운 로고로 패키지 등을 바꾸겠다고 생각하는 것이다. 하지만 앞에서도 말했듯이 시각 상징 요소를 만들었다면 빠르게 통일해 고객의 모든 접점에 적용하는 것이 중요하다. 맛나제과는 버터몬스터라는 새로운 캐릭터가 만들어지자마자 SNS로 알리고 곧바로 박스, 종이컵 등 패키지에 적용했다. 물론 다시 제작하는 수고과 비용이 들었겠지만 장기적으로 보면 탄탄한 브랜드 이미지 구축은 물론 매출을 얻는 길이기도 하다.

아보카도와 함께 로고를 만든 '초식곳간' 역시 적극적으로 로고를 사용하는 브랜드 중 한 곳이다. 방법은 매우 단순하다. 포장과 배달 주문이 들어올 때마다 초식곳간 로고 스티커를 함께 보내는 것이다! 얼마나 효과가 있을까 싶겠지만 투입한 노력 대비 효과는 꽤 큰 편이다. 스티커의 로고를 보고 "로고에 있는 셰프가 사장님 아니에요?"라며 알아보는 고객도 있고, 로고 스티커와 함께 찍은 사진 리뷰도 늘어나고 있다고 하니 시각 상징 요소인 로고를 통해 새롭게 고객과 관계를 맺고 있는 셈이다.

가게와 고객이 만나는 모든 접점에 하나의 컬러, 하나의 폰트를 쓰고, 고객에게 자주 시각 상징 요소를 노출하자. 그것이야말로 디자이너나 큰 비용 없이도 사장님 스스로 얼마든지 할 수 있는 방법이니 말이다.

잠깐 퀴즈 하나. 귀여운 곰돌이 모양의 젤리로 유명한 브랜드 하리보, 하리보는 젤리 외에 초콜릿이나 사탕 같은 것도 팔까? 정답은 '아니다.' 하리보는 오로지 젤리만으로 2019년에 3조 원이 넘는 매출을 올렸다. 매출 향상은 물론 포트폴리오 확보를 위해서라도 스낵류나 HMR 등으로 사업을 확장할 법한데 이 독일산 곰돌이는 젤리라는 한 우물만 파고 있다. 무려 100년 동안 말이다.

최근 많은 대기업이 다양한 분야로 사업영역을 확장하고 신사업에 도전하고 있다. 하나의 아이템이나 서비스만으로는 경쟁에서 살아남기 힘들고, 무엇보다 시대가 급격하게 변하고 있기 때문이다. 그렇다면 사장님이 운영하는 가게도 변화에 발맞춰야 할까? 스몰 브

브랜드는 작게 시작해서
꾸준히 해야 한다

랜드의 경우 대기업과 접근방식을 달리할 수밖에 없다. 시대가 빠르게 변한다고 해서 그 물결에 휩쓸리는 대신 객관적으로 상황을 들여다보자. 우리에게는 대기업만큼의 자본이나 자원이 없다. 그렇기에 좁게, 꾸준히. 이 두 가지 접근법이 더욱 중요하다.

상품은 좁히고 디테일에 집중하자

요즘 브랜딩 잘하는 브랜드들을 보면 상품군 범위를 좁히고 디테일에 집중하는 것이 눈에 띈다. "무엇을 좋아할지 몰라서 다 준비했어!"가 아니라, "이거 하나만 열심히 준비했어. 네 취향에 맞으면 한번 와서 볼래?"라고 외치는 느낌이랄까.

'종로구 런던동'이라는 애칭을 가진 브랜드, 아침부터 줄 서서 먹는 서울에서 가장 핫한 베이커리 카페 중 하나인 '런던베이글뮤지엄'이 그 대표주자다. 런던베이글뮤지엄을 인터넷에 검색하면 런던베이글뮤지엄 성공 후기, 런던베이글뮤지엄 오픈런 후기, 런던베이글뮤지엄 웨이팅 방법 등이 줄줄이 나온다. 가게에 들어가는 것 자체가 어려우니 마치 한정판 신발이나 시계처럼 희소성이라는 프리미엄이 붙고, 이것이 사람들의 심리를 자극해 인기를 더 끌어올린다. 물론 정말 맛있는 것도 사실이다.

베이커리 카페를 창업하려 하거나 이미 운영하는 사장님들이라면 이런 생각을 한번쯤 해보았을 것이다. "사람들의 기호는 제각각이니 베이글도 팔고, 크루아상도 팔고, 소금빵도 팔고, 케이크도 종류별로 팔아야 하지 않을까? 마진이 높은 빵과 낮은 빵을 적절히 섞어서 팔아야 이윤도 남을 테고…."

그런데 런던베이글뮤지엄은 '런던'과 '베이글'로 키워드를 좁혔다. 그 결과는? 대성공이었다. 런던베이글뮤지엄은 정말 그 이름처럼 런던과 베이글 그 자체다. 곳곳에 비치된 영어 원서, 영국 왕실을 보여주는 포스터, 심지어 당근 등의 식재료를 담아둔 나무상자에도 손글씨로 영어가 쓰여 있다. 한쪽에 쌓아둔 밀가루 포대의 원산지는 영국산. 런던베이글뮤지엄 공간에서 사용되는 한국어는 직원과 손님이 주고받는 대화뿐. 판매하는 빵 역시 '베이글'뿐이다.

잠시 생각해 보자. 어떤 고객은 런던보다 파리를, 베이글보다 크루아상을 좋아할 수 있다. 런던베이글뮤지엄이 이런 고객들까지

런던베이글뮤지엄 도산점 매장 내부 모습 (출처 : 더워터멜론)

고려해 런던과 베이글이 아닌 유러피언 스타일 베이커리 카페로 컨셉을 잡았다면 과연 지금 같은 열풍을 만들 수 있었을까? 모든 고객을 잡겠다는 욕심을 버리고 "런던에서 베이글 먹는 재미를 확실히 맛볼 수 있을 거예요!"라고 외치는 런던베이글뮤지엄, 사랑받는 브랜드에는 그만 한 이유가 있다.

"이게 뭐지?"라는 말이 절로 나오는 브랜드 '머지(Merge).' 머지의 주력 제품은 단 하나, '버블 머그'다. 머그 브랜드인가 생각할 수 있지만 머지는 소품을 파는 오브제 브랜드다. 익숙한 재료를 활용해 익숙하지 않은 오브제를 만들겠다는 머지의 브랜드 미션은 데페이즈망(dépaysement)을 떠올리게 한다. 데페이즈망은 초현실주의 기법으로 사물을 일상적 상황에서 이질적 상황으로 옮김으로써 낯설게 하는 것이다. 살바도르 달리나 르네 마그리트의 작품을 연상하면 이해가 쉬울 것이다. 머지(Merge)라는 브랜드명 또한 '일상과 익숙하지 않은 것의 결합'이라는 의미를 담아 '합치다'라는 의미의 영단어 'merge'에서 가져왔다. 사람들이 봤을 때 "이게 뭐지?"라고 되묻게 되는 오브제를 만들겠다는 의도도 물론 포함돼 있다.

머지는 첫 제품으로 패브릭으로 만든 '버블 머그'를 선보였다. 브랜드의 의도대로 대부분의 사람들이 버블 머그라는 생소한 조합에서 "이게 뭐지?", "이걸 어떻게 써야 해?"라는 반응을 보였다. 보통의 브랜드라면 고객에 맞춰 실용성 있는 제품, 쓰임새가 직관적으로 드러나는 제품, 익숙한 제품을 선보일 터. 하지만 머지는 고객에게 맞추는 대신 고객을 설득한다.

머지는 제품 스토리에 그들이 추구하는 가치와 데페이즈망이라는 핵심 키워드를 녹이며, 꼭 무언가를 담지 않아도 좋으니 다양한 용도로 활용해 볼 것을 권한다. 다양한 쓰임새가 즐거움과 영감을 줄 거라면서. 버블 머그라는 독특한 제품군과 데페이즈망이라는 뾰족한 컨셉에 고객들은 설득당하고 머지에 스며든다. 머지가 두 번째로

(좌) Merge 버블 머그 | (우) Merge 자이언트 머그 (출처 : Merge 공식 홈페이지)

선보인 제품 역시 버블 머그다. 작은 것을 크게 확대하는 데페이즈망 기법에서 착안한 자이언트 버블 머그! 이 버블 머그는 빈백 등 다양한 용도로 쓰이며 고객에게 또 다른 영감을 준다.

지금은 초개인화 시대. 개인의 취향은 나노 단위로 세밀해지고 다양해지고 있다. 머지의 성공요인도 '좁힘'이다. 니치한 취향을 내세움으로써 머지와 같은 취향을 지닌 고객들의 반응을 얻고, 취향이 같지는 않더라도 일반적이지 않은 취향을 추구하는 사람들을 건드려 반응을 얻은 것이다. 머지는 론칭 1년도 되지 않아 입소문을 타고 팝업스토어를 오픈하고 29CM에 입점하는 등 많은 사람들의 일상에 비일상을 더하고 있다.

감자밭 또한 '빼기'로 성공한 브랜드다. 이미소 대표는 감자빵에서 확장해 가지빵, 사과빵까지 만들어 팔았으면 지금처럼 브랜딩이 되지 않았을 거라 단언한다. 감자밭처럼 역사가 길지 않은 브랜드는 확장의 유혹에 빠지기 쉽다. 브랜드가 확실하게 각인되지 않은 상태에서 "겨울이니 고구마빵을 만들어보면 어때?", "강원도 하면 옥수수지, 옥수수빵을 만들자!"라고 했으면 고객은 어떻게 반응했을까? 모르긴 몰라도 다른 빵집들과 감자밭의 확실한 차이를 인식하지 못하고 딱히 감자밭에 가야 할 이유를 찾지 못했을 것이다.

확장과 다양성을 고민하고 있다면 먼저 좁게 집중해서 성과를 내야 한다. 특히 적은 자본과 자원으로 가게를 운영하는 초기 단계에는 더욱더 좁혀야 한다. 범위는 좁히고 디테일은 집요하게 챙기자.

꾸준히 깊게 파는 것이 오늘날의 브랜딩

좁고 뾰족하게 시작하는 것만큼이나 중요한 것이 바로 '꾸준히' 하기다. 귀가 아프도록 들어온 덕목이라 아주 새로운 이야기는 아닐 것이다. 그래도 이번 기회에 다시 생각해 보자. 왜 꾸준히 해야 할까?

우선 꾸준히 하다 보면 감각이 길러진다. 요리를 예로 들어보자. 처음에는 칼질도 서툴고 좋은 재료가 무언지 알아보기도 어렵다. 하지만 매일매일 반복하다 보면 질 좋은 재료를 식별하는 능력은 물론 칼질도 능숙해진다. 재료에 따라 어떤 모양으로 썰어야 하는지 나름의 기준도 생긴다. 감각이 길러진 것이다. 브랜딩도 다르지 않다. 꾸준한 시도와 실행을 통해 브랜드가 어떤 방향과 모습으로 표현되어야 하는지 감각이 쌓인다.

직장인들의 2대 허언 중 하나가 '내일부터 유튜브한다'라고 한다. 성공한 유튜버들의 엄청난 수입을 보며 느낀 박탈감을 자조적으로 표현한 것이다. 하지만 인기 유튜버도 처음부터 대박 영상을 터뜨린 게 아니다. 매일같이 꾸준하게 콘텐츠를 올리다 보니 콘텐츠 퀄리티가 높아지고, 조금씩 사람들에게 알려지면서 결국 알고리즘의 선택을 받아 '빵' 뜬 것이다. 유명해진 후에도 사람들의 반응을 보면서 꾸준히 개선하는 건 물론이다.

유튜버만 그럴까? 우리에게 익히 알려진 브랜드들도 단순히 운이 좋거나 실력만으로 유명해진 것이 아니다. 꾸준히 시도하면서 실력을 쌓고, 그러다 찾아온 기회를 놓치지 않아 알려진 것이다.

그랑핸드는 우리의 일상을 '향'으로 뒤덮고 있는 향 브랜드다. 2014년 향의 일상화를 모토로 북촌에서 시작해 소격동, 서촌으로 확장하더니 마포와 남산으로, 그리고 2022년에는 도산공원에 신규 매장을 냈다. 그랑핸드를 좋아하는 팀원이 많아 아보카도 사무실도 그랑핸드 향으로 가득하다. 이들의 성공 비법 또한 '꾸준함'이다. 백번의 설명보다 그랑핸드가 직접 말하는 그들의 원칙을 보자.

"어느 분야든 가장 중요한 것은 한두 번의 요행으로 얻을 수 없고 지나온 발자취는 무를 수 없는 것처럼 브랜드 또한 노력과 도전, 실패와 성공을 거듭하는 절대적인 시간을 거쳐야만 진정한 가치를 얻을 수 있다고 믿습니다. 이러한 마음에 그랑핸드는 시작부터 지금까지 우리의 모습을 있는 그대로 보여준다는 원칙을 지킵니다. 그랑핸드는 매체나 사람을 통해 우리를 포장하지 않습니다. SNS와 각종 바이럴 마케팅, 홍보와 협찬은 쉽고, 빠르고, 효과적입니다. 그러나 그것이 진짜 우리의 모습은 아닙니다. 그랑핸드는 차라리 부족함을

인정하는 솔직함을 믿습니다."(출처 : 그랑핸드 공식 홈페이지)

향을 직접 맡지 않고 판매하는 것은 향의 일상화라는 모토에 위배된다 생각해 온라인몰의 입점 제안을 모두 거절할 정도로 그랑핸드는 원칙을 중시한다. 고객들의 거듭된 요청에 브랜드 론칭 7년 만에 자사 온라인 몰을 열었을 정도다. 오프라인도 마찬가지다. 직접 운영하는 매장 외 다른 경로로 그랑핸드를 유통하거나 판매하지 않겠다는 것이 운영 방칙이기에 백화점, 쇼핑몰 등 입점 제안을 모두 거절하고 있다. 오죽하면 스스로를 '매번 거절하는 브랜드'라고 할까.

SNS를 시작했지만 좀처럼 늘어나지 않는 팔로어를 보며 "도대체 팔로어는 언제 늘지? 유료로 팔로어 계정을 사야 하나?"라고 고민하는 분들도 있다. 그랑핸드는 3만 5000명의 인스타그램 팔로어를 모으기까지 8년이 걸렸다고 한다. 다른 브랜드에 비하면 많은 숫자가 아닐지 몰라도 자신의 원칙대로 매체나 인플루언서에 기대지 않고 꾸준히 이뤄낸 숫자이기에 의의가 크다. 그랑핸드는 초기 3년 정도는 하루도 쉬지 않고 매일 한 개 이상 피드를 올렸다고 한다. 미리 일주일치 원고를 작성하고, 주말에도 낮잠 자다 일어나서 업로드할 정도의 꾸준함이었다. 이런 꾸준함이 견고한 브랜드 이미지와 100만 팔로어 부럽지 않은 팬들을 만들어냈을 것이다. 그랑핸드의 향이 찬찬히 공간에 퍼지듯 그들은 8년이라는 시간 동안 꾸준하게 브랜드를 가꾸고 있다.

"성공하니 변했네." 방송에 출연해 인기를 얻거나 SNS에서 화제가 되는 가게들이 종종 듣는 말이다. 꾸준히 브랜드를 만들어가는

(좌)그랑핸드 남산점 (출처 : 더워터멜론) | (우)그랑핸드 인스타그램 계정 @granhand_official

과정에서 성공 기회가 왔다면, 더욱 꾸준한 태도로 기회를 내 것으로 만들자. 고객들은 변화에 민감하며 처음과 달라졌다고 느끼는 순간 다른 브랜드로 발걸음을 돌린다.

작은 브랜드라고 무조건 좁혀서 시작하고, 꾸준히 해야 한다는 이야기는 아니다. 자신에게 맞는 전략을 찾으면 된다. 전략이라는 단어의 사전적 의미는 '어떤 목표에 도달하기 위한 최적의 방법'이다. 전쟁의 승리 전략이 한 가지일까? 당연히 아니다. 상대방과 자국의 상황에 따라 다양하다. 어디 전쟁뿐인가, 입시전략도 학생마다 다르고, 재테크 전략도 개인의 상황에 따라 달라질 수밖에 없다. 브랜드 전략 역시 상황과 목적에 따라 달라진다. 서촌의 '안주마을'처럼 사람들에게 다양한 메뉴를 경험하게 하는 것이 브랜드의 목적이라면 처음부터 넓혀서 시작하는 게 맞다. 당장 생존이 급하다면 시장 수요가 있는 메뉴를 짜야 한다. 이때 자신이 추구하는 특정 품목이나 메뉴에 요즘 유행하는 대중적인 메뉴를 결합할 수도 있을 것이다. 좁고 뾰족하게 시작하는 것에 확신이 적고, 상대적으로 넉넉한 자본과 자원을 확보했다면 그 또한 상황에 맞게 유동적으로 진행하면 된다.

다만 전략이 없는 상태에서 무조건 다양하게 시도하면 예리한 고객들이 바로 알아챈다. 특히 자본과 자원이 빠듯하다면 다양성이 자칫 도박이 될 수 있다. 1000억 원대에 매각해 화제가 된 브랜드 '역전할머니맥주'는 처음에 얼음맥주에 초점을 맞춰 성공 궤도에 올랐고, 이후 전국적으로 매장을 전개하면서부터 하이볼 등 트렌드에 부응한 메뉴를 출시해 사업을 확장해 갔다. 꾸준함으로 승부할 의지가 있는 사장님이라면 좁은 우물을 깊게 파는 것을 추천한다.

다시 자기다움을 이야기하지 않을 수 없다. 내가 왜 이 브랜드를 시작했는지가 먼저다. 삶의 모양은 저마다 다양해지고, 사회의 많은 초점이 점점 '집단'에서 '개인'으로 이동하고 있다. 개인만의 가치관과 취향에 맞는 브랜드를 소비함으로써 나라는 브랜드를 보여주는 시대다. 이러한 변화 속에 니치한 취향과 가치관을 꾸준히 깊게 파는 브랜드에 사람들이 공감하고 팬이 되는 것은 당연하지 않을까? 그러니 좁게 시작하고 꾸준히 우리 브랜드를 가꾸며 추구하는 가치와 흐름에 맞게 영역을 넓혀가자. "Small but steady wins the race!"

"내 이야기를
더해가는 시간 속에
장사가 브랜드가 돼요"

박가네빈대떡

출처 : 박가네빈대떡

추상미 대표

"자세히 보면 예쁘다. 오래 보면 더욱 사랑스럽다.

저희 브랜드가 그래요.

세월이 지나도 광장시장에서

꿋꿋하고 묵묵하게 우리 몫을 하며

오래도록 브랜드에 세월을 입히고 있어요.

저희는 기존의 것들을 유지하고 아카이브하면서

HMR 제품, 백화점 입점, 배달 등 새로운 흐름도

접목하고 있어요. 우리 브랜드가 나이들수록

더욱 멋스러워지는 모습이 저는 좋아요.

하지만 늙어가되 낡아지지는 않으려고 해요.

브랜드를 가꾸면서 새로움도 접목할 수 있도록

여백도 남겨두어야 해요."

박가네빈대떡 브랜드와 대표님에 대해 소개해 주세요.

박가네빈대떡은 광장시장에 있는 가게입니다. 처음에는 저희 친할머니께서 작게 식재료 파는 장사로 시작했어요. 이후 저희 어머니가 시집오시고 시어머니와 간판도 없이 빈대떡을 팔게 되죠. 간판을 달면서 박가네빈대떡이라는 이름으로 장사를 하게 되었어요.

제가 가게에 들어온 지는 10년쯤 됐어요. 어머니는 여전히 매장을 지키시고 저는 뒤에서 박가네빈대떡의 결을 만들고 있어요. 빈대떡에 한정하지 않고 광장시장의 문화를 어떻게 만들 수 있을까 하는 고민도 하고 있습니다.

추가네빈대떡이 아니라 며느리의 성을 붙여 박가네빈대떡이 된 이유가 있나요?

저희 아버지가 따로 사업을 하셨는데 잘 안 됐어요. 그래서 어머니가 고생을 많이 하셨죠. 아버지가 간판을 만들 때 어머니의 노고에 답하는 선물 같은 의미로 어머니 성을 따신 거예요.

원래 연구원이셨는데 가게에 들어온 특별한 계기가 있었나요?

제 꿈은 직장인이었어요. 시장에 계신 분들의 생활을 알잖아요. 저희 어머니와 할머니가 그러셨듯이 휴일, 주말, 명절도 없고, 365일 매일 새벽에 나가서 밤늦게 들어오시고, 이런 일상을 너무 잘 알고 있었죠. 빨간 날 쉬는 직장인이 저의 꿈이었어요.

그런데 청계천이 복개되면서 광장시장에 오는 고객이 굉장히 많아졌어요. 매출도 올랐죠. 그러자 세무조사가 나온 거예요. 당시에는 현금 매출이 꽤 많았으니 큰 가게들 중심으로 세무조사를 많이 했어요. 그때 저희도 세무조사를 받게 되어, 그 문제를 정리하려고 들어온 게 계기가 되었죠. 그 이유도 있지만, 어머니께 너무 죄송했어요. 그동안 저는 그 삶을 들여다보려고 하지 않고 시장에서의 삶을 회피했던 면이 있어요. 그게 죄송해서 들어왔습니다.

어떤 연구를 하셨나요?

생명공학 관련 연구를 하고 학교에서 조교도 했어요. 연구는 결과를 만들어내기 위해 계속 분석하고 내면의 것을 계속 들여다봐야 해요. 돌이켜보면 분석을 통해 지금 이렇게 무언가를 표현하고 분출하고 있으니 광장시장 품으로 들어온 것이 잘한 일 같아요.

부모님의 직원이 된 관계에 적응하기 어렵지 않으셨어요?

너무 어려웠죠. 저는 새로 시작하는 일이니 의욕을 갖고 젊은 사람의 시각으로 보고, 문제다 싶은 것들은 고쳐야 한다고 생각해서 많이 부딪혔어요. 부모님하고도, 직원들하고도 그랬죠. 제가 어릴 때부터 함께해 오신 분들이 지금도 매장에 계세요. 그런데 느닷없이 얘가 컸다고 들어와서 고치려고 하니 많이 부딪혔죠.

창업 2세들은 자기 능력을 입증해야 한다는 일종의 강박이 있는 것 같아요. 내가 능력이 없어서 다른 일 못하고 엄마아빠 것을 편하게 이어받으려고 들어온 게 아니라는 걸 보여주려는 생각으로 매장을 변화시키려고 했어요. '이모, 이러시면 안 돼요. 저건 이렇게 해야 해요', '유니폼 이렇게 해야 해요', 다른 큰 브랜드들처럼 손톱 검사도 해야 하나 이런 생각까지 했지 뭐예요.

저희 직원분들은 모두 자신이 맡은 분야의 전문가라고 확고하게 생각하세요. 물론 무척 훌륭한 마인드지만, 제가 무언가 고치려고 하면 '넌 아직 이 일에 대해 모르잖아'라는 반응이 더 컸어요. 그래서 많이 부딪혔어요. 생각해 보면 제가 그분들에게 더 많이 배웠어야 했어요. 초반에 더 배우고 왜 저렇게 하시는지 이해하고 그 환경에 제가 더 스며드는 게 맞았어요.

반죽부터 굽기까지 모든 프로세스를 대표님도 직접 하셨나요?
네. 예전에는 식재료 준비 등을 다 집에서 했거든요. 녹두 씻는 것부터 파, 마늘 다듬기 등 전처리 과정을 집에서 했고, 저도 어릴 때부터 어머니랑 같이해서 익숙했어요. 그런데 직원분들은 제가 못하는 줄 아시더라고요. 그래서 뭔가 보여드려야겠다 싶어서 저도 이 정도는 할 수 있다고 계속 어필했어요. 전 부치고, 서빙하고, 이런 모습을 계속 보여드렸죠.

가게에 녹아들기까지 얼마나 걸렸나요?
한 5년 정도 걸렸어요. 그쯤 되고서 제가 하고 싶은 것에 대해 목소리를 낼 수 있었어요. 2호점 리모델링을 진행하고 나서부터는 가게와 한몸이 되었다고 생각돼요.

박가네 빈대떡

BEAN PANCAKE　　綠豆煎餅　　ノクトゥビンデトク　　MUNG BEAN PANCAKE　　綠豆煎餅　　ノクトゥビンデトク

오래된 직원분들이 많고 합을 맞추는 과정도 길었군요. 인터널 브랜딩에 대한 대표님의 생각이 궁금합니다.

직원들도 우리 고객이라고 생각해요. 우리 매장의 고객이라는 관점에서 봐야 해요. 예전에는 인터널 브랜딩에 대한 개념조차 없었지만 저희 직원분들께 '나 박가네빈대떡에서 일해'라는 프라이드를 드리고 싶었어요. 그런 프라이드가 직원 관리와도 연결돼요. 그러려면 먼저 박가네빈대떡이 좋은 브랜드가 되고, 우리 이야기에 공감하게 하는 것이 중요하다고 생각해요.

브랜딩 관점에서 박가네빈대떡을 리뉴얼해야겠다고 결심하신 계기가 있었나요?

그 당시에는 브랜딩이라는 개념이 아예 없었어요. 그렇지만 막연하게 뭔가 정리를 해야겠다, 하나의 톤으로 정리되어야 한다는 생각은 있었죠. 이게 브랜딩이라는 인식을 그때는 못 했지만요.

지금 와서 보면 무언가 내놓고 '브랜드예요'라고 하는 것은 브랜드가 아니에요. 다른 사람들이 '이건 이런 브랜드네' 하고 인정해야 브랜드죠. 사업과 장사는 다르다고 하잖아요. 광장시장에도 많은 분들이 점포를 하고 계시지만 브랜드인 것과 아닌 게 분명하게 나뉘어요. 고객들이 박가네빈대떡을 브랜드라고 생각하고 불러주기까지는 시간이 필요해요. 그 시간 동안 하나의 아이덴티티, 가치관, 그리고 이 브랜드가 가져가야 할 하나의 톤을 만들어서 사람들에게 보여줘야 해요. 박가네빈대떡은 정리된 하나의 톤은 없었지만 다행히 그동안 누적된 자산이 있었어요. 그 자산을 다듬고 하나의 결로 나아갈 수 있게 방향성을 정해 주면 브랜드 인지도가 생기지 않겠느냐고 어느 순간 생각했어요.

이런 생각으로 2호점 리모델링을 하면서 브랜드 톤과 광장시장에서 박가네빈대떡의 위치를 손봤어요. 그때 제가 만든 슬로건이 '박가네빈대떡은 광장시장의 역사입니다', '박가네빈대떡은 광장시장의 문화입니다'예요. 저희가 역사성과 문화성을 가져가야 한다고 생각했어요. 브랜드는 그 브랜드를 좋아하는 고객들의 문화를 만들어야 해요. 문화가 없으면 지속하기 어려우니 광장시장이라는 공간에서 어떤 문화를 끌고 가야 할지 고민했죠. 그 고민 속에 하나의 톤과 하나의 결을 가질 수 있도록 사진 작업부터 로고 작업까지 전체적으로 진행했어요.

2호점을 리뉴얼할 때 부모님과 직원들의 반대는 없었나요?

엄청났죠. 2호점 공사하다 하루는 4시간을 울었어요. 백색과 무채색을 기본으로 인테리어를 진행했는데 아버지가 보시고 "이게 뭐니?" 하셨어요. 그렇지만 저는 그런 느낌이 박가네빈대떡에 어울린다고 생각했어요. 시장엔 너무 많은 색이 존재해요. 그래서 복잡한 느낌이 들죠. 그곳에서 우리가 돋보이려면 좀 심플하게 가야 하고 색을 빼야겠다고 생각했어요. 그래서 전체적으로 색을 다 뺀 형태를 만들었는데 아버지나 직원분들은 납득이 안 됐던 거예요. "우리 간판도 빨간색이어야지!" 이런 반응이셨죠. 하지만 만들어지고 나서 고객들이

박가네빈대떡이 위치한 광장시장의 오래된 건물 흔적 (출처 : 박가네빈대떡)

박가네빈대떡의 과거 현판 (출처 : 박가네빈대떡)

오셨을 때 정돈되고 깔끔하고 통일성 있다고 좋아하셨어요. 심지어 아버지 지인분들도 그러셨고, 손님도 더 늘었죠.

리모델링할 때 유지할 부분과 바꿀 부분의 기준은 무엇이었나요?

시설에 관해서는 아버지의 철칙이 있어요. '우리 매장에 들어온 고객이 식사를 다 마치기 전까지는 밖에 나가면 안 된다.' 그래서 화장실이 매장 안에 있어야 하고, 물론 남녀 따로 있어야 해요. 그리고 흡연실. 요즘에는 시장 안에서 흡연을 못 하지만 예전에는 가능했죠. 담배를 매장 밖에 나가서 피우면 기다리는 일행도 불편하고 메뉴도 식어요. 시설 면에서는 고객이 매장에서 모든 필요를 다 해결하게 한다는 기준 아래 유지할 부분은 유지했어요.

공간 면에서는 컬러를 통해 브랜드의 일관성을 유지하면서 과거의 역사성을 과감하게 보여주려 했어요. 저희 슬로건이 '광장시장의 역사입니다'잖아요. 광장시장의 건물들은 다 오래됐고, 저희 건물도 일제시대에 지어졌어요. 2호점 리모델링하려고 벽지를 뜯어내는데 무려 10겹이나 덧대어 있더라고요. 나무판 모양도 일정하지 않고, 천장은 말할 것도 없이 다 벗겨져 있고요. 건물 지을 때 올린 '상량(上樑)'이라는 의미 있는 유산도 나타났고요. 이런 것들을 과감하게 노출해 이 역사 안에 우리가 있다고 말하려 했어요.

<u>브랜드 관점에서는 리뉴얼 과정에서 시각적인 개선도 중요하
지만, 고객이 실질적으로 느끼는 가치나 혜택이 새로워져야 한
다 생각해요. 그런 점에서 2호점 리뉴얼 후 '삼합' 메뉴에 주목
했어요. 어떤 접근법으로 만드신 건지 궁금합니다.</u>

메뉴에 대한 고민은 계속했어요. 삼합 이전에는 일반 녹두빈대떡에
고기, 해물 등을 올리는 시도를 했죠. 광장시장에는 일반적인 녹두빈
대떡만 있었거든요. 삼합은 〈식신로드〉라는 프로그램을 찍으면서
우연히 만들었어요. 방송하는데 저희는 빈대떡만 있어서 색다른 것
을 보여줘야겠다는 고민을 했죠. PD님이 지방에는 빈대떡과 어리굴
젓을 같이 먹는데 정말 맛있다고 하셨어요. 여기에 고기가 있으면 더
좋겠다는 생각에 편육을 추가했죠. 넣어보니까 식감과 온도가 너무
잘 맞더라고요. 빈대떡의 바삭함, 편육의 쫄깃함, 어리굴젓의 살짝
비릿한 식감의 조화가 좋았죠. 거기에 뜨거운 빈대떡과 차가운 편육,
어리굴젓의 온도감도 잘 맞아떨어졌고요.

처음에는 본격적인 홍보를 하지 않았어요. 빈대떡삼합의 빈대
떡은 찢어 먹지 않고 잘게 썰어 그 위에 편육과 어리굴젓을 올려 먹
는 게 포인트예요. 빈대떡의 모든 면이 다 바삭해야 그 맛이 살거든
요. 그러려면 만드는 이모님들이 가위질을 더 많이 하셔야 해요. 처
음부터 주문이 많이 들어오면 일이 익숙하지 않은 이모님들이 힘들
고 불만이 생길 수 있어요. '지금도 가위질이 많은데, 그거 하나 나가
려고 가위질을 10번 넘게 더 해야 해!' 이렇게 말이죠. 그래서 방송 이
후에도 한동안 메뉴판에 올리지 않았어요. 찾으시는 분들께만 드렸

184

죠. 그렇게 하루 10개, 20개씩 내며 조금씩 판매량을 늘리고, 이모님들이 조금 익숙해졌다 싶을 때 말했어요. "이모, 고객들이 삼합을 너무 좋아하셔서 어쩔 수 없이 메뉴에 넣어야 할 것 같아요." 그렇게 정식 메뉴로 출시했어요.

2호점 외에 HMR로 수평적 확장을 하고, 와인바(히든아워), 그로서리마켓(365일장) 등 수직적 확장도 활발하게 하고 계시죠. 이렇게 확장하는 이유가 궁금합니다.

저희가 있는 광장시장에 다양성을 주고 싶어요. 광장시장은 100년의 역사에 더해 앞으로 100년을 더 가야 할 곳이에요. 그러기엔 다양성이 부족하다고 느껴요. 물론 외부에서 보시면 광장시장이 무척 다양하다고 생각하실 수 있겠지만요. 새로운 것들이 기존의 것들과 균형을 이뤄 광장시장에 들어와야 지속 가능해요. 그리고 광장시장이 지속 가능해야 저희도 지속 가능하죠. 그래서 다양한 브랜드를 시도했어요. 광장시장은 다른 시장과 달리 먹거리 중심이고 원단, 과일 등은 다 뒤에 숨어 있어요. 오시는 분들도 먹거리만 생각하고 오시죠. 그런 점이 안타까웠어요. 그래서 시장 뒤에 숨어 있는 것들을 앞으로 내오기도 하고, 쌀가게가 없어서 쌀가게도 했죠. 시장 내 다양한 색을 주려고 했어요.

상품에 대해 말씀드리면, HMR 제품을 생각한 건 코로나 이전이에요. HMR 제품 퀄리티가 지금처럼 높지 않았을 때죠. 원래는 수출용으로 출시하려 했어요. 상해에 코스트코 1호점이 생겨서 그쪽으로 수출하려고 만들고 있었어요. 그런데 딱 코로나가 터져버렸죠. 그래서 내수용으로 돌렸어요. 패키지 디자인도 옛날 종로 느낌으로 다시 했고요. 이후 HMR 시장이 성장하는 것을 보고 제품을 늘렸어요. 지금은 모둠전, 김치전, 떡볶이 등을 판매하고 있습니다.

프랜차이즈 제안도 많이 받으실 텐데, 가맹 계획은 없으세요?
코로나를 겪으면서 광장시장에 한정된 수익구조로는 너무 힘들다는 걸 절감했어요. 그나마 더현대서울에 입점하고 역삼에 배달전문 매장 등이 있어서 버티긴 했지만, 메인 수익구조인 광장시장이 코로나로 직격탄을 맞으니 생존이 호락호락하지 않더라고요. 수익구조를 분산해야 지속할 수 있겠다는 생각에 자연스럽게 가맹을 구상하게 됐죠.

처음에는 세컨드 브랜드를 만들려고 했어요. 프랜차이즈용 전 브랜드를 만들려 했는데, 신규 브랜드를 만들어 운영하는 게 너무 힘들 것 같았어요. 자리잡기까지 시간이 걸리고, 아무리 잘 만들어도 만만치 않은 에너지가 들 테니까요. 박가네빈대떡이 망가지지 않고 가맹사업을 어떻게 할지 고민하다가 지금은 반직영 형태를 구상하고 있어요. 저희는 메뉴 특성상 본사 의존도가 굉장히 낮아요. 전은 집에서도 해 먹고, 점주 스타일대로 변형하기도 쉽죠. 그래서 브랜드 관리가 어려워요. 반직영 형태로 가야 본사의 관리가 가능하다는 판단하에 수도권에서 최대 50개 정도 반직영 매장으로 운영할 것 같아요.

전통시장 또는 F&B 분야에서 작게 창업하시는 분들께 들려줄 노하우나 팁이 있다면요?

품목마다 다른데 일단은 메뉴 완성도가 중요해요. 메뉴 완성도를 구성하는 건 여러 가지가 있겠지만 기본적으로 맛과 비주얼의 완성도가 높아야 해요. 메뉴 완성도가 높으면 공간이 허름해도, 입지가 좋지 않아도 오래갈 수 있어요. 와인바 '히든아워'를 운영하면서 메뉴 완성도의 중요성을 느꼈어요. 히든아워 시즌 1에서는 피자와 샤퀴테리가 인정받았는데, 결국 완성도가 높았기 때문이죠.

맛과 비주얼에 하나를 더하자면 '스토리'예요. 이 메뉴가 왜 여기에 있는지에 대한 스토리 말이죠. 메뉴의 완성도와 스토리로 핵심을 잡은 다음 공간 디자인 등 부수적인 것들을 만들어가야 해요.

그 모든 작업이 이루어지면 고객들에게 알려야 하잖아요. 그때 SNS가 중요한 역할을 하겠죠?

당연히 SNS는 해야죠. 굳이 브랜드가 아니어도 장사를 하려면 많은 이들이 알아봐 주고, 인정해 줘야 해요. 그러기 위해 SNS는 정말 중요한 수단이에요. 더 중요한 것은 해시태그고요. 사람도 말하다 보면 고유의 색이 보이고, 우리는 그걸 인식하죠. 우리 매장이나 브랜드를 알릴 때도 우리만의 색을 보여줘야 하는데, 그 역할을 해시태그가 해요. 저는 온라인상에서 우리 브랜드가 하고 싶은 말을 해시태그로 고정할 수 있어야 한다고 말해요. 브랜드가 말하고 싶은 바를 해시태그로 고정적으로 꾸준히 가져가야 고객들이 인지할 수 있죠.

메뉴 선정 기준은 어떤가요? 본인이 잘 알고 좋아하는 것을 해야 할까요, 시장 수요가 있는 소위 '뜨는' 것을 해야 할까요?

본인의 상황과 가치관에 따라 달라질 것 같아요. 둘을 접목할 수도 있고요. 하고 싶은 메뉴를 정해 두고, 가지를 뻗어나가는 다른 메뉴에는 트렌드를 반영할 수도 있겠죠. 예컨대 요즘 전통주 붐이 일고 하이볼 시장도 큰 가능성이 있어요. 그러면 같은 상권에 박가네빈대떡과 하이볼 매장을 내서 1, 2차를 이어가게 하면 어떨까? 박가네빈대떡은 저희 가치관을 따르고 하이볼 매장은 트렌드의 흐름을 타는 것이죠.

반면 당장 생존이 급하고, 하나만 해야 한다면 시장 수요가 있는 메뉴로 가는 것이 맞아요. 장인정신으로 '나 이거 하나는 확실하게 만들 거야!'라는 분들이 많은데, 상황과 힘이 버틸 만하다면 자신의 방향대로 갈 수 있겠죠. 거기에 맛과 비주얼을 인정받으면 자신의 가치관을 스토리로 풀어갈 수 있고요.

장사를 하다 보면 사장님의 생각과 고객의 니즈가 부딪힐 때가 있는데 어떻게 조율하나요?

어느 정도 타협해서 고객의 니즈를 반영해요. 단적인 예로, 저희 가게는 메뉴가 많아요. 처음에는 고객들이 원했어요. 매장이 크다 보니 단체 고객도 많고 빈대떡만 먹기보단 다양한 메뉴를 원했죠. 이 식당저 식당 옮겨 다니기 좋아하는 분들도 있지만, 한 곳에서 육회도 먹고 김밥도 먹고 싶어 하는 분들도 많거든요. 외부에서 사온 음식을 매장에서 먹을 때 생기는 문제도 있어서 메뉴를 많이 추가했어요.

전문가들은 메뉴가 너무 많다고 하시고, 저도 처음에는 혼란스러웠죠. 하지만 저희는 광장시장이라는 특수성이 있어요. 지역적 특성에 더해 저희 가게에 오면 광장시장의 모든 메뉴를 다 드실 수 있고 공간도 넓어 오래 계셔도 된다는 장점을 부각하면서 고객들을 설득하죠.

많은 분들이 인사이트를 얻기 위해 잘된 것들을 보러 다니잖아요. 그렇지만 결국 인사이트는 고객에게서 나와요. 고객이 무엇을 원하는지, 좋아하는 포인트를 아는 게 우선이에요. 그 후 타협할 수 있는 선에서 고객에게 맞춰가는 거죠. 물론 타협할 수 없는 부분에 대해서는 솔직하게 인정하고 고객을 설득해야 해요.

광장시장이라는 특수성을 감안하니 이해되네요. 그렇다면 신규 매장을 내실 때는 메뉴 확장을 하지 않을 건가요?

그때는 메뉴에 대한 정리가 분명히 필요하죠. 융통성을 가지고 그 지역에 맞게 조율할 수 있어요. 메뉴는 매장마다 다를 수 있다고 생각해요. 만약 동해에 지점을 낸다면 동해산 오징어로 전을 만들 수도 있고, 그걸 광장시장에 가져와 접목시킬 수도 있겠죠. 오히려 광장시장에 있다 보니 유연성이 더 갖춰졌어요.

브랜딩이란 돈과 시간이 드는 일입니다. 스몰 브랜드에 브랜드 와 브랜딩이 정말 중요한가요?

작은 가게가 더 많이 더 비싸게 팔려면 브랜드가 되어야 해요. 브랜드가 되면 고부가가치 상품을 제안할 수 있어요. 더 비싸게 받을 수 있는 거죠. 결국 수익창출로 연결돼요. 이윤에 대한 영향력이라 할까요? 오천 원에 팔던 빈대떡이 브랜드가 되면 더 높은 가격에 팔 수 있어요. 브랜드가 아닌 빈대떡은 시장 내에서만 팔아야 하는데 브랜드가 되면 상품화를 할 수 있어요. 브랜드가 없으면 단기간의 장사만 해야 해요.

브랜드를 만들기 위해 필요한 브랜딩은 상품 자체를 가꾸는 과정이에요. 더 예쁘게 더 맛있게 만드는 과정이 있어야 상품 가치를 높일 수 있어요. 똑같은 빈대떡이라도 좀 더 비싸게 받을 수 있습니다. 돈 들어가고 시간 들어가고 에너지도 들어가는데 내가 브랜딩을 왜 해야 하느냐고 질문한다면 브랜딩을 해야 돈을 더 벌 수 있다고 답할 수 있겠네요.

창업하는 분들이 브랜드를 만들 때 어떤 조언을 주고 싶나요?

브랜드를 처음 만드는 분들에게는 '이름을 붙였다고 브랜드가 아니야!'라고 먼저 말씀드리고 싶어요. 요새는 브랜드라는 단어가 무척 익숙하죠. 그렇지만 브랜드 만드는 것은 말 그대로 A to Z의 과정이 필요해요. 기획부터 시작해 공간 같은 물리적 요소 등 모든 것이 맞아야 하나의 브랜드가 돼요. 그래서 브랜드는 참 어려워요.

많은 분이 '나 하이볼 매장 낼 거야!' 하고 이름만 달고서 벌써 브랜드가 됐다고 생각해요. 제가 계속 말씀드렸듯이 그건 브랜드가 아니에요. 제가 만든 '365일장'을 예로 들면, 이곳을 방문한 고객들이 좋아하고, 특별한 감정을 느끼고, 누군가를 데려올 정도의 고객층이 형성되고 확장할 수 있을 때 비로소 브랜드가 돼요.

저도 처음에는 이름만 달면 브랜드라고 생각했어요. 다양한 품목의 매장을 해보고 이것저것 많이 시도하면서 내가 브랜딩을 하고 있다고 착각했죠. 지금 보면 결국 나만의 브랜드였어요. 나만의 브랜드가 세상에 나왔을 때 고객들이 인정해 주지 않으면 사장돼요. 그건 브랜드가 아니죠. 누군가가 이 제품에 특별한 감정을 갖고 계속 소비해 주고 누적될 때 비로소 브랜드가 돼요. 시작하는 분들에게 저는 브랜드를 만들겠다는 마음보다는 오시는 분들에게 어떤 감정을 심어줄지, 내가 왜 이걸 만들었고 무엇을 보여주고 싶은지 들려줄 수 있는 스토리를 계속 만들어야 한다고 말해요.

스토리는 어떻게 만들 수 있을까요?

메뉴 하나에도 어떤 이야기를 할지 고민하고, 이 메뉴를 왜 만들었는지 아카이브해야 해요. 간단한 스티커부터 간판을 만드는 등 모든 활동에 '내가 왜 했지'를 생각해야 해요. 그래야 이야깃거리가 쌓이고 고객들이 물어볼 때 할 이야기가 생기죠. 이 이야기들을 하나씩 풀어가는 거예요. 처음에 제품을 선보이고 왜 만들었는지 살짝 보여주면 고객이 궁금해하겠죠? 그러면 조금 더 보여주고 새로운 시도를 하는 거예요. 그렇게 내 이야기를 더해 가보세요. 그 과정에서 장사가 브랜드가 돼요. 처음부터 브랜드를 만들 수 있는 것은 빅브랜드, 큰 판에 있는 사람들이에요. 저희처럼 장사하시는 분들은 장사부터 해야 해요.

그렇다면 스토리가 가진 힘은 무엇일까요?

사람들이 우리 브랜드를 좋아하려면 우리가 하는 말이 공감을 얻고 전파될 수 있게끔 해야 해요. 우리를 좋아하는 고객이 우리에 대해 누군가에게 이야기할 때 창피하지 않게 만들어야 하죠. 이런 힘을 만드는 것이 스토리예요. 우리가 왜 이걸 만들었는지에 대한 스토리, 그 스토리를 계속 다듬어가야 해요.

스토리를 보여주는 방식은 간단명료하고 굉장히 친절해야 해요. 공감을 통해 정서적인 관계도 맺어야 하고요. 브랜드에도 사람과 사람 간의 관계처럼 인정 욕구가 있어요. 인정받으려면 매력적이고 인간적인 스토리가 있어야죠. 사람들이 좋은 사람을 곁에 두고 싶어 하듯 좋은 브랜드를 곁에 두고 싶어 하지 않을까요?

대표님처럼 기존 브랜드를 리뉴얼하려는 분들은 무엇을 중점에 두어야 할까요?

옛것을 지키면서도 트렌드에 맞게 새로움을 더해야 해요. 박가네빈대떡을 리뉴얼할 때도 낡은 것은 낡게 가져가되 정돈만 하려고 했어요. 무조건 새것으로 바꾸는 게 아닙니다. 나이가 들어도 생각은 늙지 말자는 말은 브랜드도 마찬가지 아닐까요? 당연히 브랜드도 나이 들 수 있어요. 또 오래 존속해야 브랜드 가치가 높아지고요. 코카콜라도 오랜 기간 지속되면서 트렌드에 맞게 새로움을 더하고 있잖아요. 구찌도 기존의 것에 새로움을 입혀서 젊은 세대들이 더 좋아하는 힙한 브랜드가 됐고요. 저희도 기존의 것들을 유지하고 아카이브하면서 HMR 제품, 백화점 입점, 배달 등 새로운 흐름을 따라가고 있어요. 브랜드가 나이 드는 건 너무 당연할뿐더러 필요하고 좋은 거예요. 하지만 늙어가되 낡아지지 않아야 해요. 브랜드를 가꾸면서 새로움도 접목할 수 있도록 여백도 남겨두어야 해요.

예능 프로그램에 단골로 나오는 게임 중에 '고요 속의 외침'이 있다. 두 명의 참가자가 헤드셋을 끼고 한 명이 제시어를 말하면, 다른 한 명이 입모양만 보고 맞히는 게임이다. 말하는 사람은 큰소리로 열심히 단어를 외치지만 상대방은 듣지 못하니 엉뚱한 단어를 말해 재미를 준다. 서로를 답답해하며 화내는 모습을 보고 있으면 저절로 웃음이 터진다.

이 게임만큼 브랜드 커뮤니케이션의 중요성을 잘 설명하는 게임이 있을까 싶다. 브랜드 커뮤니케이션은 우리 브랜드를 고객에게 전달하는 과정과 활동을 뜻한다. 게임에서 단어를 말하는 사람을 '브랜드'로, 정답 맞히는 사람을 '고객'이라 생각해 보자. 브랜드는 열심

브랜드는 고객과 직원을
모두 바라봐야 한다

히 그리고 꾸준히 전하고 싶은 메시지를 외치지만 고객은 이해하지 못한다. 그저 허망한 메아리로 돌아올 뿐.

이것이 브랜드만의 문제일까? 말하는 사람과 맞히는 사람 모두 헤드셋을 끼고 있듯이 브랜드 내부에도, 고객의 상황에도 문제가 있을 수 있다. 따라서 브랜드의 메시지가 잘 전달되고 있는지 점검하려면 브랜드 내부와 고객을 모두 살펴야 한다. 잠시 가게 안과 밖을 둘러보며 질문을 던지자.

"우리 브랜드 잘 전달되고 있나요?"

직원들도 우리 브랜드를 잘 알고 공감하는가?

코로나19, AR/VR 기술이 낳은 메타버스, 모바일 커머스의 성장까지 굳이 언급하지 않아도 '오프라인의 종말'이라는 말이 심심찮게 들려온 지 오래다. 온라인이 대세인 것은 분명하다. 하지만 그 와중에도 백화점들은 신규 매장을 출점하고, 오프라인 팝업스토어는 매일같이 생겨나고, 여력이 되는 작은 브랜드들 상당수가 매장을 확장하거나 추가 매장을 내고 있으니 어찌된 일일까? 사람과 사람이 만나고, 관계를 맺고, 유대를 형성하고, 공동체를 이루는 것은 인간의 거스를 수 없는 본능인지라 아무리 기술이 발전해 영상과 텍스트로 현실을 실감나게 느낄 수 있다 해도 오프라인 공간이 주는 물리적, 감정적 경험과 관계의 증폭은 디지털이 대체하기 힘들다.

특히 오프라인 장사를 하는 작은 브랜드는 고객과 물리적인 접점에서 일어나는 브랜드 경험이 대단히 중요하다. 그중에서도 '접객'의 중요성은 몇 번을 강조해도 지나치지 않다. 큰 브랜드처럼 압도적인 공간 규모나 감각적 인테리어, 파급력 있는 캠페인 등으로 승부수를 띄우기 어렵기에, 큰 브랜드보다 사장님이 더 잘할 수 있는 것을 찾아야 한다. 섬세하고 진정성 있는 접객 등의 디테일한 요소가 바로 그것이다.

그렇다면 진정성 있는 접객은 어디서 나올까? '내부 브랜딩'이다. 내부 브랜딩을 쉽게 말하면, 브랜드의 존재이유와 운영기준이 되는 '자기다움'을 구성원과 공유하고 공감하는 과정이다.

내부 브랜딩이 중요한 이유는 다음과 같다.

우선 내부 브랜딩을 통해 우리 브랜드가 왜 존재하고 어떤 방향으로 가야 하는지 직원들이 명확하게 알고 공감할 수 있다. 이는 직원들이 자신이 속한 브랜드를 좋아하게 만들고, 동기를 부여하는 역할을 한다. 내부 브랜딩이 잘되어 있는 가게의 직원들은 사장님이 말하지 않아도 알아서 가게를 잘 키워나간다. 왜 우리 브랜드를 키워야 하는지, 어떠한 방향으로 끌고 가야 하는지 알고 있기 때문이다. 모든 사장님이 꿈꾸는 이상적인 모습이 바로 이것 아닐까?

단풍이 지고 겨울이 가까워오던 늦은 가을, 배고프고 조금 피곤한 상태로 교토의 한 아부라소바집에 간 적이 있다. 사장님 혼자 요리하고 음식을 내어주는, 일반적인 라멘가게와 다르지 않은 외양이었다. 별 기대 없이 배고픔을 면하겠다는 마음으로 아부라소바를 시켜 한 젓가락 먹는 순간, 세상에! 정말 맛있었다! 평소와 달리 그릇을 깨끗이 비우고 교자까지 추가해 먹었다. 음식 맛도 일품이었지만, 그런 나를 바라보며 자부심이 살짝 섞인 아빠 미소를 짓던 사장님의 표정이 잊히지 않았다. 재야에 숨은 고수의 표정이랄까? 그 후 나에게 그 아부라소바 가게 브랜드는 무심하지만 따뜻한 이미지로 남았다.

이후 도쿄에 있는 다른 지점을 방문했다. 그날도 처음 먹었던 날처럼 배고프고 조금 피곤한 상태였다. 음식은 여전히 무척 맛있었지만 아빠 미소를 짓던 사장님은 당연히 없었다. 그저 매뉴얼에 맞게 착착 음식을 내어주던 직원들의 친절하지만 왠지 인간미 2%가 부족한 느낌이 있을 뿐. 내가 간직했던 브랜드 이미지와 달리 적당히 친절하고 깔끔한 느낌이었다. 도쿄의 그 지점은 사장님이 없어서 분위기가 달랐던 걸까?

이런 비슷한 경험을 해본 분들이 많을 것이다. "사장님이 있을 때와 없을 때 직원 서비스 차이가 나요", "직원이 바뀌었나 봐요. 서비스가 달라요" 같은 말을 고객 리뷰에서 종종 볼 수 있다. 내부 브랜딩이 잘되지 않았을 때 일어나는 일이다. 사장님 혼자 가게를 운영할 때는 내부 브랜딩 없이도 가게 브랜드를 오롯이 전달할 수 있지만 직원과 점포가 늘어날수록 모든 직원들이 브랜드 이미지를 일관되게 전달하기 힘들어진다.

이렇게 되면 브랜드에 대한 고객의 신뢰나 애정이 식는 것은 시간 문제다. 브랜드 이미지가 손상되는 것은 물론 한순간에 고객을 잃을 수 있다는 점에서 내부 브랜딩은 매출과 직결된다. 아무리 가게 운영 매뉴얼이 잘 짜여 있어도, 매뉴얼로 직원 한 명 한 명의 행동을 완벽히 통제하기란 현실적으로 쉽지 않다. 그렇기에 내부 브랜딩이 중요하다. 우리 브랜드가 잘 전달되고 있는지 보려면 먼저 내부를 바라보자. 구성원들의 마음을 들여다보자.

감자밭이 가장 중시하는 구성원 평가지표는 '브랜드 관점'으로 일했는지다. 신규 입사자는 모두 브랜드 관점에 대해 교육을 받는다. 입사와 함께 브랜드가 추구하는 철학과 방향에 대해 배우고, 브랜드가 가야 할 방향을 생각하며 일하는 동안 직원들은 감자밭 브랜드에 자연스레 애정을 갖고 공감하게 된다.

이렇게 구성원 한 명 한 명에게 브랜드의 철학을 교육하고, 브랜드 관점으로 일하는 문화를 만들어 직원들이 브랜드의 의미를 체화하는 것이야말로 가장 이상적인 내부 브랜딩 방법이다. 그렇지만 많은 사장님들이 가게 운영에 바빠 직원들을 교육하는 것도 힘들고 직원의 빈 자리를 메우는 것도 버거운 터라 내부 브랜딩을 위해 따로 시간을 내는 게 부담스러울 수 있다.

그런 사장님들이라면 '직원의 행복이 곧 고객의 행복'이라는 말부터 찬찬히 곱씹어보자. 직원의 행복은 일에 대한 자부심을 느끼고 공감하는 데서 시작한다. 이렇게 행복을 느낀 직원은 적극적으로 브랜드를 만들어가고 고객에게 최고의 브랜드 경험을 제공한다.

실제 브랜드를 성공시킨 사장님들은 내부 브랜딩의 중요성을 강조한다. 고기리막국수 김윤정 대표는 저서 《작은 가게에서 진심을 배우다》에서 직원을 위해야 음식 준비가 잘되고, 음식이 잘 준비되어야 손님에게 맛있는 국수를 낼 수 있다고 한다. 손님은 가게에 한 번 오지만 직원들은 매일 같은 업무를 반복하는 것이기에 직원들이 정시퇴근할 수 있도록 팔지 못한 국수가 있어도 마감을 한다. 김 대표는 직원들이 편하게 식사할 수 있도록 면솥 물 가는 시간이 되면 손님 모시는 것을 멈추고, 고객이 요구해도 그 시간을 지켜내는 것이 사장의 역할이라 말한다. 그 밖에도 고기리막국수 SNS에 올라갈 사진을 직원들과 함께 고르는 등 내 손으로 브랜드를 만들어간다는 느낌을 직원들이 항상 느끼도록 기회를 마련한다.

박가네빈대떡의 추상미 대표도 "직원들은 곧 고객"이라 단언하며 직원들이 이곳에서 일한다는 자부심을 느끼도록 노력한다. 그러려면 먼저 박가네빈대떡이 좋은 브랜드가 되어 브랜드 이야기에 직원들이 공감할 수 있게 해야 한다고 강조한다.

'수신제가치국평천하(修身齊家治國平天下)'라는 말이 있다. 모두 알다시피 몸과 마음을 닦아 수양하고 집안을 가지런하게 하며 나라를 다스릴 때 비로소 천하가 화평해진다는 뜻이다. 이 오래된 문장이 사장님들에게 힌트를 준다. 우리 가게가 우리 동네를 벗어나 전국으로, 세계로 나아가려면? 사장님이 먼저 자기다움을 닦고 그다음에는 브랜드 내부를 다져야 한다. 내부 브랜딩으로 말이다. 물론 사람마다 몸과 마음을 수양하고 집안을 가지런하게 하는 방법이 다르듯 내부 브랜딩도 앞에서 소개한 사례를 그대로 따라 할 필요는 없다. 사장님이 추구하는 문화와 성향을 바탕으로 우리 가게에 맞는 내부 브랜딩을 진행하자.

사장님을 위한 질문

1. 우리의 존재이유를 달성하기 위해 사장님이 먼저
   솔선수범하고 있나요?
2. 우리의 존재이유와 목표에 대해 직원들과 정기적으로
   또는 수시로 공유하고 있나요?
3. 직원들이 브랜드를 만들어가는 과정에 적극적으로
   참여하고, 의견이 반영되고 있나요?

우리 브랜드를 밖에서 바라본다면?

　내부에서 우리 브랜드를 바라보았다면 이번엔 밖에서 바라보자. 고객 관점에서 우리 브랜드 활동이 고객에게 제대로 전달되고 있는지, 특별한 문제는 없는지 살펴보자.

　얼마 전 초현실적이고 파격적인 브랜딩으로 유명한 젠틀몬스터의 뷰티 브랜드 탬버린즈 매장에서 있었던 일이다. 제품을 하나 사고 선물 포장을 요청했는데, 포장 과정이 마치 행위예술가의 퍼포먼스 같았다. 가위질하는 직원의 행동 하나하나가 춤처럼 선이 살아 있었다. 포장 시간은 다른 가게에 비해 오래 걸렸지만 퍼포먼스를 감상한 것이라 생각하니 전혀 아깝지 않았다. 감각적 아트와 아름다움을 추구하는 탬버린즈는 그동안 쇼룸과 제품 패키지 디자인 등을 통해 그들의 지향점을 고객에게 명확히 전달해 왔다. 그렇기에 독특한 퍼포먼스의 선물 포장도 충분히 이해되었고, 탬버린즈의 '감각적 아트'라는 메시지도 또렷하게 와닿았던 것이다. 만일 평소에 그런 메시지를 전하지 않는 브랜드였다면 '왜 포장을 이렇게까지 해?' 하고 의아했을 터.

　탬버린즈처럼 우리 브랜드 이미지와 메시지를 고객에게 명확하게 전달하려면 어떻게 해야 할까?

　우선 고객이 이해할 수 있도록 디테일에 맥락을 포함해야 한다. 작은 브랜드일수록 디테일에 브랜드를 담아야 한다고 여러 차례 강조했다. 그런데 디테일에 너무 집착하면 어떻게든 특이하게 하는 데에만 온 신경이 집중돼 정작 그 디테일을 고객들이 어떻게 이해하고 느낄지를 놓치기 쉽다. 숲을 봐야 하는데 나무에만 시야가 갇혀 고객을 보지 못한달까. 디테일에 갇히지 않기 위해서라도 고객들이 이해할 수 있도록 왜 이 디테일에 이런 요소를 넣었는지 '맥락'을 포함해 지속적으로 설명해 보자.

여기 가상의 가게 '카도호프'가 있다. 가볍게 친구들과 한잔 하고 싶을 때 부담스럽지 않은 가격에 즐길 수 있다는 것이 이 브랜드의 존재이유다. 카도호프가 이 존재이유를 떠올리며 '가격 부담 없이 편하게 드시라고 음식 외에 불필요한 거품을 뺐어요'라고 저렴한 식기를 사용한 맥락을 말한다면 고객은 어렵지 않게 수긍할 것이다. 그런데 이런 설명 없이 그냥 저렴한 그릇에 음식을 담아낸다면? 고객은 '값이 싸다고 서비스가 별로네?' 하며 실망하지 않을까? 또한 카도호프에서는 일정 시간만 되면 클래식 음악이 나오는데, 독특하고 재미있는 디테일이지만 고객에게는 다소 뜬금없이 느껴질 수 있다. 이때 '친구들과 학교 앞 잔디밭에서 한잔 하며 클래식 음악을 들었던 주인장의 추억'을 되살린 거라는 맥락을 설명하면 반응은 달라질 것이다.

다만 이때 유의할 점이 있다. 맥락을 일방적으로 전달해서는 공감을 얻기 어렵다는 것이다. 기껏 설명하고도 고객으로부터 '그래서 어쩌라고?' 하는 반응이 나올 위험이 있다. 맥락을 전달하는 가장 쉬운 방법은 브랜드를 쌓아가는 과정을 보여주는 것이다. 우리 가게가 추구하는 목표와 그 과정에서 발생하는 다양한 모습을 있는 그대로 보여주자. '모베러웍스'는 일의 재미와 의미를 추구하는 브랜드답게 브랜드 만드는 과정을 처음부터 끝까지 유튜브로 생중계하다시피 했다. 이를 통해 브랜드의 맥락이 잘 전달되면서 고객들도 모베러웍스의 행보에 공감하고 지지하기 시작했다.

그다음에는 고객 입장에서 우리 브랜드의 맥락이 오롯이 이해되는지, 매력적인지, 잘 전달되고 있는지를 지속적으로 확인해야 한다. 우리의 맥락을 전했다고 끝내지 말고 고객에게 어떤 맥락으로 가닿을지 살펴야 한다는 것이다.

이러한 이유로 고객에게 우리 브랜드가 잘 전달되는지 확인하고자 설문조사를 하는 사장님들도 있다. 설문조사는 좋은 방법이지만 맹점이 있다. 설문조사에 솔직하게 답하는 사람들도 있지만 대충 답하는 경우도 많다. 이 책을 읽는 독자분들도 설문조사에 대충 답하고 경품만 받은 경험이 한두 번쯤 있을 것이다. 또한 응답자 수가 크지 않기에 오류가 발생할 가능성도 크다. 무엇보다 대부분의 설문조사에서 고객을 단순히 인구통계적(나이, 성별, 거주지 등)으로만 분류하고 있어서 구체적인 맥락을 파악하기가 쉽지 않다. 숫자는 중요하지만 숫자의 나열만을 통한 추론은 섣부른 판단을 낳는다.

그렇기에 더욱더 고객과 직접 대화해야 한다. 쉽지 않은 일이고 부끄러울 수도 있지만, 그 노력을 상쇄하고도 남을 영감을 사장님들에게 줄 것이다. 브랜드가 잘 전달되고 있는지뿐 아니라 고객이 우리 가게에 방문하는 이유, 나아가 우리 가게를 좋아하는 이유, 불편한

점 등 어디서도 얻을 수 없는 정보를 준다.

고객과의 대화를 해석할 때에도 단편적으로 받아들이지 말고 '맥락'을 따져보자. 가령 고객이 매장 내 음악이 가게와 어울리지 않고, 왜 이런 음악을 트는지 이해되지 않는다고 말했다고 치자. 이에 놀란 사장님은 황급히 음악을 교체한다. 그런데 알고 보니 그 고객이 해당 음악에 좋지 않은 기억이 있었을 뿐 다른 고객들은 그 음악이 가게와 잘 어울린다고 생각했다면? 이런 착오를 방지하기 위해서라도 고객과 대화할 때 한 번 더 '왜'라는 질문을 던지며 눈앞의 문제 아래 놓인 근원적 이유를 찾아보자.

물론 이제는 기술의 발전 덕분에 고객과 대화하지 않아도 빅데이터와 AI가 고객의 리뷰를 알아서 분석해 주고, 원하는 데이터를 손쉽게 추출할 수도 있다. 이런 시대에 편리한 기술을 놔두고 대화만 시도해 보라는 이야기는 아니다. 기술을 적극적으로 활용하되 수많은 데이터에서 사장님 스스로 맥락을 고려해 고객에게 의미 있는 질문을 던지고 맥락을 연결해야 한다는 것이다.

쉬운 일은 아니다. 평상시에 부단히 단련해야 한다. 평소에 고객을 관찰하고, 리뷰를 읽고, 적극적으로 대화해야 이 능력이 길러진다. 방법을 찾아보면 어떤 식으로든 대화는 가능하다. 고객을 직접 대면하지 않는 무인매장을 운영하면서도 포스트잇으로 고객과 소통을 이어가며 매출을 높이는 사장님도 있다. 꾸준히 고객과 대화하다 보면 현상 속 패턴은 물론, 패턴 속의 이면까지 보인다. 이는 우리 브랜드가 처한 문제는 물론 해결의 실마리도 던져준다.

브랜드는 혼자가 아니라 사장님, 구성원, 고객이 모두 함께 만들어가는 것이다. 잠시 책을 덮고, 구성원들과 고객과 대화해 보는 시간을 가지면 어떨까.

지금까지 우리 가게를 위한 브랜딩 법칙들에 대해 알아보았다. 이 모든 것이 정답이라 단언할 수는 없지만 한 가지만은 확실하게 밝힐 수 있다. 브랜드는 결국 사장님에서 시작해 직원들, 고객들과 함께 만들고, 키우고, 가꾸어가야 한다는 것이다. 작은 브랜드는 큰 브랜드와 달리 고객과 직접 소통하며 진정성 있는 관계를 맺을 수 있다. 그렇게 해서 관계가 맺어진 고객은 단순한 구매자가 아니라 '팬'으로 거듭난다.

'가치'와 '취향'의 초개인화 시대에 브랜드와 팬은 떼려야 뗄 수 없는 관계다. 브랜드는 '자기다움'을 팬들에게 제공해 공감과 지지를 얻고, 이를 기반으로 단단하고 지속 가능한 브랜드로 성장한다. 팬은

브랜드는 결국
팬을 만들어야 한다

브랜드가 주는 가치와 스토리에 공감하고 위안을 얻기도 하며, 나아가 자신을 표현하는 수단으로 사용한다.

과거와 현재의 가치를 잇는 라이프스타일 브랜드 OIMU와 그들이 하는 전시라면 빼놓지 않고 참석하는 팬들, 환경을 위해 일회용 포장용기를 쓰지 않는 착한 카페 '얼스어스'와 그 신념에 공감해 다회용기를 기꺼이 챙겨가는 팬들, 퀴카 캐릭터를 만든 '다이노탱'과 이들이 출시하는 굿즈는 무조건 수집하는 다이노탱의 팬들…. 이처럼 브랜드와 팬은 서로에게 큰 영향을 끼친다. 실제로 다이노탱은 브랜드 소개글에 '작은 즐거움을 사랑하는 사람들끼리 만들 수 있는 영향'에 대해 이야기한다. 팬들과 함께 브랜드를 만들어가겠다는 의지

일 것이다.

"다이노탱은 동물, 자연, 일상적인 소재에서 얻는 작은 영감들을 독자들과의 소통을 통해 함께 이야기를 만드는 살아 있는 브랜드이길 지향합니다. 장난스러운 그림들이 가벼워 보일 수 있지만, 때로는 그런 가벼움들이 더 깊이 있게 느껴질 때도 있습니다. 단순히 작고 귀여운 그림을 그려내는 것이 아닌, 이 작은 즐거움들을 사랑하는 사람들이 모여 함께 만들 수 있는 큰 영향들을 꾸준히 생각하고 고민하는 아티스트가 될 수 있도록 많은 상상과 도전을 하고 있습니다."

(출처 : 다이노탱 공식 홈페이지)

이름이 알려진 브랜드들만이 아니다. 학교 앞 작은 카페에도 팬은 존재한다. 그곳만 찾는 학생들이 있지 않은가. 최근에는 스몰 브랜드, 대기업, 인플루언서 등 규모나 성장단계에 상관없이 모든 브랜드가 팬의 중요성을 인지하고 팬을 만드는 데 적극적이다.

그렇다면 우리 가게에는 팬이 어떤 역할을 하고, 어떻게 팬을 만들 수 있을까? 어떻게 팬과 함께해야 할까? 하나씩 알아보자.

스몰 브랜드에 반드시 팬이 있어야 하는 이유

첫째, 팬은 매출의 핵심을 담당한다. '파레토의 법칙'을 들어보았는가? 전체 매출의 80%가 20%의 고객에게서 나온다는 법칙이다. 파레토의 법칙은 우리 사회의 다양한 영역에서 확인할 수 있다. 백화점 전체 매출의 80%가 상위 20%의 고객에게서 나오고, 그에 걸맞게 백화점의 VIP 마케팅은 상상을 초월한다. 신규 고객을 유치하는 것보다 VIP에 집중해 매출을 안정적으로 유지하고 확장하는 편이 더 효과적이기 때문이다.

백화점도 이런데, 신규 고객을 유치하기가 백화점보다 몇 배는 더 어렵고, 비용도 많이 쏠 수 없는 우리 가게는 어떠해야 할까? 규모의 차이는 있어도 우리 가게에도 상위 20%에 해당하는 핵심고객은 있을 것이다. 그들을 팬으로 만들어 매출을 유지하고 확장하는 것이 더 효과적이다.

둘째, 팬은 스스로 우리 가게를 홍보한다. 많은 사장님들이 광고를 하자니 돈이 걱정이고, 안 하자니 가게를 알릴 방도가 막막하다고 한다. 팬이 있다면 이런 고민은 안녕이다. 팬은 스스로 우리 가게를 홍보해 준다. 그것도 매우 적극적으로.

친구가 좋아하는 연예인 사진이나 영상을 난데없이 보내오거나 부모님이 트로트 가수의 영상을 카카오톡으로 보내준 적이 있을 것이다. 누가 시킨 것도 아닌데 응원하는 연예인이 잘되길 바라는 마음에 홍보하는 것이다. 브랜드를 지지하는 팬들도 마찬가지다. 우리 브랜드가 많은 사람에게 알려지고 잘됐으면 하는 마음을 '팬심'이라 한다. 팬심에서 우러나 자발적으로 하는 홍보는 광고와 비교할 수 없이 효과가 크다. 실제 브랜드를 써본 사람이 주변 지인에게 홍보하면 더 믿음이 가고, 왜 이 브랜드를 사야 하는지에 대한 진솔한 이야기가 담기기 때문이다.

더 적극적인 팬들은 브랜드를 알리고자 스스로 콘텐츠를 만든다. '정승제 팬 유튜브'라는 유튜브 채널이 있다. EBS 유명 캐릭터 팽수와 콜라보할 정도로 인기가 많은 정승제 강사의 팬이 만든 채널이다. 누가 시키지도 않았는데 스스로 정승제 강사의 영상을 편집하고, 유튜브 채널을 개설했다. 심지어 정승제 강사의 공식 유튜브 채널보다 먼저 채널을 만들고, 유튜브 실버 버튼도 먼저 받았다.

셋째, 우리 가게가 힘들 때 돕는 든든한 지원군이다.

오롤리데이는 '못난이' 캐릭터를 활용해 다양한 굿즈를 선보이고, 이제는 NFT로 사업영역을 확장하고 있다. 이런 성장에 오롤리데이의 팬이 큰 역할을 했음은 물론이다.

2021년, 오롤리데이는 어느 팬의 제보를 받는다. 중국의 지방 쇼핑몰에 오롤리데이도 모르는 오롤리데이 매장이 버젓이 입점해 있더라는 것이다. 이것도 어이없고 억울한데 오롤리데이를 본인들이 만들었다고 우기고 상표마저 이미 등록한 상황. 상표권을 도용당한 것이다.

오롤리데이는 이 어려운 상황을 팬과 함께 극복해 가고 있다. 오롤리데이 권리를 찾는 소송을 위한 펀딩을 그들의 팬 '해피어'들이 먼저 제안했다. 이에 화답해 오롤리데이가 '오롤리데이 지키기 프로젝트' 펀딩을 진행했고, 성공적으로 마무리되었다. 소송은 아직 진행 중이지만 오롤리데이는 이번 사건으로 팬들에게 감사하는 마음이 더 커졌다고 말한다. 박신후 대표는 자신의 책《행복을 파는 브랜드,

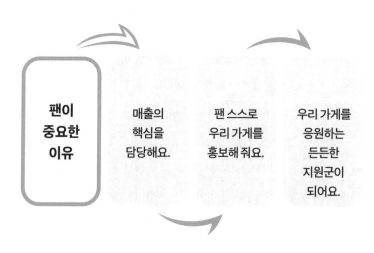

오롤리데이》에서 그들의 팬을 여러 가지 의미로 정의한다. 그 마지막 정의는 바로 '우리 편이 돼주는 고객'이다. 가장 힘들 때 내 편이 되어주는 사람들은 존재만으로도 든든하다. 우리 가게의 팬이란 그런 존재다.

한 명의 팬이 10만 명의 강력한 팬덤으로

언제나 재미있는 볼링. 처음에는 볼링핀 하나도 제대로 못 맞히지만 하나만 제대로 쓰러뜨릴 줄 알면 그 볼링핀이 2개, 3개, 나중에는 9개를 쓰러뜨리며 스트라이크를 친다.

팬을 얻는 방법도 다르지 않다. 하나의 볼링핀을 정확히 맞혀야 스트라이크를 치는 것처럼 한 명과 제대로 관계 맺는 것이 팬 만들기의 시작이다. 정승제 강사의 팬 유튜브도 한 명으로 시작해 2023년 초 기준 20만 명의 구독자를 보유하고 있다. 소수여도 좋다. 그런 열

성적인 팬을 찾아보자.

가게 리뷰 중에 유독 눈에 띄는 고객, 별다른 이벤트가 없어도 정성스러운 후기를 남기는 고객, 주변 지인을 종종 데려오는 단골이 있다면? 그 고객이 우리가 찾아야 할 팬이다.

팬을 찾았으면 이제는 친해질 차례다. 볼링을 칠 때 자기 체급에 맞는 볼링공을 써야 하는 것처럼 작은 브랜드에 맞는 방법으로 팬에게 다가가야 한다. 바로 직접 만나 소통하면서 친밀해지는 것이다. 이것은 작은 브랜드가 특히 힘을 발휘할 수 있는 영역이기도 하다. 대기업이나 프랜차이즈 시스템으로 운영하는 매장에서는 고객 한 명 한 명과 직접 대화하고 친해지기가 어렵다. 작은 가게 사장님이라면 우선 SNS 리뷰 댓글부터 하나하나 정성스럽게 달고, 가게에 찾아오는 팬들과 대화하는 일부터 시작하자.

오롤리데이 박신후 대표도 큰 브랜드가 미처 발견하지 못하거나 발견했더라도 쉽게 시도할 수 없는 틈을 공략해야 한다고 말한다. 그 방법 중 하나가 팬들과의 밀접한, 직접적인 소통이다.

그다음 할 일은 '소속감' 만들기다.

앞서 취향이 개인화되는 흐름을 여러 차례 강조했지만, 역설적으로 개인화 시대일수록 사람들은 외로워하며 소속감을 느낄 대상을 찾는다. 소속감은 인간의 본능이다. 매슬로의 욕구 5단계 중 3단계가 바로 '소속과 사랑의 욕구' 아닌가. 단순한 소통을 넘어 소속과 사랑의 욕구를 충족시킬 때 '팬'에서 '강력한 팬'으로 진화한다. 강력한 팬은 우리 브랜드가 힘들 때 자발적으로 돕고 브랜드 방향성에 대해 아낌없는 조언을 하는 팬이다. 요즘 말하는 '덕후'라 할 수 있다.

팬들에게 소속감을 주고 싶다면 모두에게 열린 공개 SNS 채널이 아닌 팬들만의 오프라인 모임, 카카오톡 단톡방, 뉴스레터 등의 채널을 활용해 보자. 이 채널에서 우리 가게를 어떻게 바라보는지, 앞으로 브랜드가 어떻게 나아가야 하는지에 대해 진솔한 대화를 나누며 팬들은 브랜드에 소속감을 느낀다.

어느 시인의 시처럼 특별한 이름으로 불러줌으로써 의미와 소속감을 부여하는 방법도 있다. 단순히 '고객님', '단골손님'이 아니라 소속감을 줄 수 있는 명칭을 짓는 것이다. 이름은 팬들에게 동질감을 부여하고, 팬끼리 강력하게 결속하게 해준다. 배달의민족 팬클럽 '배짱이', 모베러웍스 팬클럽 '모쨍이' 등 팬덤이 강력한 브랜드들은 팬클럽의 이름을 짓고 팬들과 함께 브랜드를 만들어간다. '댄싱사이더'라는 애플사이다 브랜드는 팬들을 '댄서'라 부르고, 팬들 역시 스스로 댄서라 칭하며 브랜드와 재미있게 소통한다. 그 모습이 얼마나 보기 좋은지.

사소한 이야기를 통해 소속감과 친밀감을 주는 방법도 있다. 어린 시절 친구에게 "이거 너한테만 하는 이야기인데…" 하고 사소한 비밀을 털어놓으면서 더 친해진 기억이 있을 것이다. 가게 구성원들의 스토리, 오늘 매장에서 있었던 시시콜콜한 이야기를 SNS에 업로드해 보자. 이런 콘텐츠로 팬들은 우리 브랜드를 하나의 인격체처럼 느끼고 하나 되는 기분을 갖게 된다.

소속감을 주었다면 다음은 '존중의 욕구'를 충족시키는 단계다.

팬들에게 팬들만 누릴 수 있는 차별화된 혜택을 제공해 팬들이 존중받고 있다는 기분을 느끼게 해주자. 신메뉴를 접할 수 있게 하거나 팬 특별할인, 팬만 접근할 수 있는 프라이빗 공간 등 차별화된 혜택을 제공하는 것도 방법이다.

앞서 소개한 그랑핸드는 자체 뉴스레터 '브리드(Breathe)'를 발행한다. 그랑핸드의 다양한 채널 중 보는 사람은 가장 적지만 가장 강력한 팬들이 이곳에 모여 있다. 그랑핸드는 뉴스레터 구독자들을 돈이나 다른 무엇으로도 얻을 수 없는 진정한 팬이자 지금의 그랑핸드를 있게 해준 조력자라 말하며, 이들을 위한 작은 선물로 한 달에 딱 하루 열리는 언오피셜 숍을 운영한다. 팬들은 언오피셜 숍에서 그랑핸드 공식숍, 카카오 선물하기 등 다른 경로로는 구매할 수 없는 여러 굿즈를 만난다. 오직 팬만이 가질 수 있는 제품들은 팬들에게 진심으로 존중받는 느낌을 주며 팬심을 극대화한다.

팬을 특별히 여기는 마음을 더 표현하고 싶다면 잊을 수 없는 특별한 경험을 제공해 보면 어떨까? 카페라면 팬을 대상으로 무료 커피 클래스를 열고, 식당이라면 팬과 함께하는 쿠킹 클래스, 공방이라면 공방 투어 등 우리 가게만이 줄 수 있는 경험을 제공해 보자. 경험만큼 감정을 극대화하고 연결고리를 단단하게 하는 방법은 없을 것이다.

팬을 우리에게 푹 빠지게 할 마지막 방법은 '인간미'다.

사람은 너무 완벽한 것보다는 빈틈 있는 것에 끌리는 경향이 있다. '페르시아의 흠'이라는 말을 들어보았는가? 이란의 카펫 장인들은 아름다운 문양으로 섬세하게 짠 카펫에 의도적으로 흠을 하나 남겨놓는데, 이것을 '페르시아의 흠'이라 부른다. 세상에 완벽한 것은 없다는 장인의 철학에서 생겨난 말이다. 마치 무대에서는 완벽한 칼군무를 선보이지만 무대 밖에서는 약간 허당기 섞인 모습을 보이는 아이돌에게 팬들이 더 열광하는 것과 같은 이치랄까.

우리 가게도 너무 완벽한 모습만 연출하려 애쓰기보다 인간미 있는 모습을 보여주자. 빡빡한 현대사회에서 부족한 부분을 솔직하게 드러내고, 부족한 점을 보완하기 위해 고객들과 소통하며 노력하는 모습을 보이는 가게에 팬들은 더 큰 사랑으로 화답한다.

이때도 잊지 말아야 할 사실이 있다. 가장 중요한 것은 '자기다움'이 뚜렷한 가게가 팬을 만든다는 것이다. 팬들이 우리 가게를 좋아하고 공감하며 동경하는 이유는 다른 가게와 다른 우리 가게만의 가치관, 취향, 상품, 디자인 등에서 생겨난다. 사람들이 좋아하고 동경하고 나아가 소속감과 존중을 느끼는 브랜드에 정작 자기다움이 없다면? 애초에 자기다움이 없으면 소속감도 존중도 생길 수 없다. 지금까지 소개한 모든 방법은 뚜렷한 '자기다움'을 전제로 한다는 사실을 잊지 말자.

브랜드를 만드는 과정은 지루할 수 있고 때로는 즉각 반응이 오지 않아 지칠 수도 있다. 그렇지만 그 과정 없이는 브랜드를, 장사를,

사업을 만들어갈 수 없다. 팬은 브랜드를 넓히고, 꾸준히 지속하게 하고, 주저앉고 싶을 때 일어설 힘을 주는 존재다. 이제 시작이다. 팬들과 함께 사장님의 브랜드를 만들어가자.

"잘하는 일, 좋아하는 일, 도움 되는 일의 교집합이 브랜드 방향성이에요"

AROMATICA

EMBRACE
NEROLI & PATCHOULI
BODY WASH

interview

아로마티카

출처 : 아로마티카

김영균 대표

"고객들이 지어준 별명이

'믿고 쓰는 아로마티카'예요.

사회에 도움 되는 일을 하면,

일하는 사람들이 보람을 느껴요.

일하는 사람이 보람 있으니 당연히

브랜드가 추구하는 진정성이 소비자들에게도 전달되죠.

고맙게도 고객들이 좋아해 주셔서 저희는 이익을 내요.

그 이익을 기반으로 지속 성장해

더 좋은 제품을 전달하고 사회에 환원하는 모습에

고객들이 저희를 계속 좋아해 주시는 것 같아요."

본인 및 아로마티카에 대해 간략히 소개해 주세요.

안녕하세요. 아로마티카 대표 김영균입니다. 저는 한국 1세대 아로마테라피스트예요. 아로마테라피는 쉽게 말하면 약용식물을 활용한 에센셜오일이 바탕이 된 화장품, 생활용품, 식품 등으로 질병을 예방하고 치료하는 대체의학이에요. 학창 시절에 가족이 호주에 살아서 그곳 문화를 접할 기회가 많았어요. 당시 호주 쇼핑몰에 가면 허브 건강식품, 아로마테라피 제품을 취급하는 허벌레미디 약국을 일반 약국처럼 흔히 볼 수 있었어요. 대개 몸이 아프면 병원에 가고 처방약을 먹는 것만 생각하는데, 호주에서는 항생제 같은 병원 약이 아닌 천연 유기농 허벌 제품들로 질병을 예방하고 치료해요. 예컨대 가정에 티트리오일을 상비해 두고 상처나 가려운 곳에 바르고, 비염 치료에 유칼립투스를 써요. 여기서 문화적 충격을 많이 받았죠.

처음부터 아로마테라피와 관련된 일을 한 건 아니에요. 한국에서 8년 동안 은행과 IT회사를 다니며 직장생활도 했어요. 퇴사 후 가족들이 호주에서 에센셜오일 무역업을 하고 있어서 향료업체를 방문하게 되었고, 자연스럽게 관심이 생겨 아로마테라피 공부를 시작했어요. 그러면서 합성향은 석유유래 원료로 만들어져 암도 유발할 수 있는 호르몬 교란물질이고, 이를 천연향인 에센셜오일로 대체할 수 있다는 것도 알게 되었습니다. 게다가 에센셜오일은 치료적 효능이 있어 예방의학 차원으로 사용하면 건강에 도움이 되죠. 이런 사실을 알고서 한국에 합성향의 유해성을 알리고 에센셜오일 문화를 전파해야겠다는 사명감을 갖게 되었습니다.

브랜드를 시작한 2004년부터 안전한 성분을 꼼꼼하게 따져 화장품을 제조해 왔어요. 2009년에는 국내 최초로 EWG 스킨딥 (SkinDeep)* 등급을 국내 시장에 소개하며 화장품 시장에 '화장품 성분 안전성'에 대한 화두를 던졌죠. 2011년 EWG '안전한 화장품 챔피언' 타이틀 수상, 2016년에는 국내 제조 브랜드 최초로 EWG Verified 마크를 획득하는 등 국내에 안전한 화장품을 고르는 기준을 제시하고, 관련 시장을 선도해 오고 있습니다.

사업을 시작할 당시에는 아로마테라피가 낯선 문화였는데, 잘 될 거라고 생각하셨나요?

처음부터 성공할 거라 생각하지는 않았어요. 국내 유기농 식품시장도 확립되지 않았을 때거든요. 당연히 천연향이나 아로마테라피도 사람들에게 생소하고, 쉽지 않겠다고 판단했죠. 그럼에도 사업을 시작한 건 옳은 일이기 때문이에요. 당시 저는 천연 원료를 통해 안전한 세상을 만들고, 아로마테라피라는 대체의학을 소개하자는 사명감으로 가득했어요. 이 사명감이 비록 성공하기 어렵고 오래 걸려도 꼭 해야겠다는 원동력이 되었습니다.

---

* EWG 스킨딥 : 미국의 비영리 시민환경단체인 EWG(Environmental Working Group)가 화장품 성분의 유해성을 분석해 축적한 평가지표로 1~10등급으로 나뉘며, 가장 엄격한 기준을 충족한 제품에는 'Verified' 마크를 부여한다.

처음에 어떻게 아로마티카를 알리셨어요? 성장 모멘텀이 궁금합니다.

처음에는 에센셜오일 제품 소매와 원료 도매업으로 시작했어요. 그런데 저희 고객이 소규모 핸드메이드 소매업자이다 보니 시장규모와 성장 모두 한계가 있었죠. 그리고 제가 에센셜오일을 제공해도 실제 화장품에는 극소량만 사용되니 제가 의도한 효과를 내기는 어려웠어요. 그렇다면 안전한 제품을 직접 만들어서 판매하는 게 제 사명과 더 맞겠다는 생각이 들었습니다. 그래서 국내 최초로 에센셜오일이 들어간 유기농 화장품을 만든 게 아로마티카의 시작이에요. 자본이 부족해 상가주택 건물 1층에 화장품 제조가마를 들이고 그 옆에 연구소를 설립했어요. 제가 직접 처방을 짜고 화장품학을 공부하면서 시작했죠.

무엇보다 아로마테라피가 낯설기 때문에 이 문화를 먼저 알리는 게 중요하다고 생각했어요. 실제 제품을 써보면서 설명을 듣는 것만큼 빠른 방법은 없죠. 대학교에서 피부 미용인들과 천연비누 화장품 전문가들에게 아로마테라피 대체의학 교육을 하며 저희 제품을 알리고, 백화점에서 직접 고객들을 만나 교육하며 왜 이걸 써야 하는지 알렸어요. 백화점 지하식품관에서 행사도 했고요. 그러면서 강남, 분당 지역 4050 여성분들 사이에 입소문이 났어요.

그렇지만 가격대가 높고, 아로마테라피를 여전히 낯설어서 이렇게는 사업 확장이 어렵겠더라고요. 그래서 2013년에 안전한 원료를 사용한다는 신념은 지키면서 가격대를 낮춘 샴푸를 올리브영에 입점했는데, 이게 소위 '히트'를 쳤어요. 그다음에 알로에젤이 히트 치면서 매출도 안정되고 대중적인 인지도도 얻게 됐죠.

좋은 제품과 옳은 사명으로 시작했지만 사업성 면에서 어려움을 겪는 기업들이 많습니다. 아로마티카도 처음에는 어려운 시기가 있었는데 어떻게 이겨내셨나요?

아로마티카가 시장에 안정적으로 정착하기까지 세 부문의 비즈니스 포트폴리오를 바탕으로 운영했어요. 해외에서 천연 유기농 화장품 원료와 에센셜오일을 수입해 유통하는 원료 도매업, 브랜드사에 화장품을 공급하는 제조 OEM, 그리고 아로마티카라는 자사 브랜드를 운영한 것이죠. 3가지 업을 병행하다 보니 힘든 순간도 있었지만 가장 중요한 것은 기업의 생존이니 제가 발로 뛰며 OEM 영업을 다니거나 백화점 행사장에서 제품을 직접 판매했습니다. 아로마티카가 어느 정도 안정되자 다른 사업은 다 접고 오롯이 아로마티카에 집중했죠.

처음에는 안전한 화장품 원료에 집중하셨는데, 이후 환경보호까지 영역을 확장하셨죠.

사업을 하다 보니 '화장품 내용물은 안전하고 지속 가능한 방식으로 제조되는데, 그렇다면 화장품을 담는 패키지는 어떻지?' 하는 의문을 품게 되었어요. 화장품 산업은 식품 다음으로 플라스틱 쓰레기가 많이 나와요. 산업 플레이어로서 이 문제를 주도적으로 해결해야겠다 생각했죠. 디자인팀, 용기업체, 소재업체들과 함께 깊이 연구해 2019년에 재활용 유리 용기를 적용한 제품을 출시했습니다.

그 뒤로도 개발을 계속해 2020년 2월에는 재활용 페트를 50% 사용한 유색 페트 용기를, 6월에는 100% 재활용 유색 페트 용기를 출시했습니다. 그러나 유색 페트 용기는 한 번만 재활용되고 재차 용기로 재활용하기 어렵다는 문제가 있어요. 그래서 투명 페트 개발을 지속하여 2021년 1월에 100% 재활용 투명 페트 용기를 출시했습니다. 현재 아로마티카 전 제품 용기의 98%에 100% 재활용 플라스틱과 90% 재활용 유리를 사용하고 있습니다. (복합소재로 구성된 파우치/튜브재질 제외.)

2021년부터는 '조인더서클(Join the Circle)' 캠페인을 진행하고 있어요. 국내 재활용 시스템의 문제점을 꼬집으며 시작한 캠페인이에요. 우리가 가정에서, 회사에서 열심히 분리수거를 하잖아요? 그런데 수거할 때 차 한 대에 모두 섞여요. 분리수거가 혼합수거가 되는 거예요. 이때 뒤섞인 소재를 재활용 선별장에서 다시 선별하느라 재활용률이 낮아집니다. 게다가 다른 쓰레기와 함께 비포장 상태의 선별장 바닥에서 뒤섞여 구르며 오염되어 투명 페트의 품질이 낮아집니다. A급 투명 페트로만 가능한 재활용 용기나 옷으로 쓰이기 어려운 거죠.

가만히 있을 수 없겠더라고요. 그래서 '직접 수거'하여 선별장을 거치지 않고 '바로' 재활용 공장에 보내는 조인더서클 캠페인을 기획했습니다. 이렇게 하면 말 그대로 100% 재활용이 가능해요. 이 캠페인을 위해 전기 트럭을 장만해 저희가 직접 투명 페트 소재를 수거하기 시작했습니다. 당시 제로웨이스트숍 20곳이 투명 페트 수거 거점으로 나서주셨고, 각 거점에 '여기에 버려야 진짜 재활용'이라는 문구가 쓰인 수거함을 설치했습니다. 이곳에 모인 투명 페트는 캠페인 트럭에 별도 수거되어 재활용 소재공장으로 바로 이동해요.

이 캠페인이 2022년 6월부터 지자체로도 확대되어 운영되었어요. 강남구 내 23개 동주민센터가 수거거점으로서 투명 페트를 모아 보내주셨는데, 깨끗한 투명 페트가 매달 1톤 이상 모였어요. 1차 목표였던 투명 페트 10톤 수거를 캠페인 1년 만에 달성했어요.

이 캠페인이 모티브가 되어 사업장에서 배출되는 투명 페트까지 고스란히 재활용하는 또 한 번의 확장을 이뤘어요. 2022년 11월부터 환경부, 대형 물류사와 8개의 호텔, 리조트와 협력하여 호텔에서 배출되는 투명 페트를 모으는 시스템을 구축하는 '세이브더플래닛얼라이언스(Save the Planet Alliance)' 프로젝트를 시작했습니다.

캠페인 운영, 유지에 비용이 꽤 들어요. 그렇지만 목표도 달성하고 캠페인이 확장되면서 궁극적 목표인 '국내 플라스틱 재활용 시스템 개선'이 점차 실현되는 게 느껴져서 멈추지 않고 달리고 있어요. 우리는 작은 캠페인으로 시작했지만, 점차 이런 움직임이 커져서 진정한 플라스틱 자원 선순환이 우리 일상에 자리잡을 그날을 기대합니다.

아로마티카 조인더서클(Join the Circle) 캠페인 (출처 : 아로마티카)

환경을 생각하는 아로마티카 제조 공장 (출처 : 아로마티카)

아로마티카 서큘레이팅 바디오일 주니퍼베리&진저 (출처 : 아로마티카)

브랜드, 기업의 존재이유가 이윤 추구라는 관점도 있습니다. 궁극적으로 브랜드가 왜 환경을 보호해야 할까요?

개인들은 삶도 바쁘고 복잡한데 불편을 감수하면서까지 환경보호를 실천하기가 어려워요. 일회용품 좀 덜 쓰고 텀블러 들고 다니고 플로깅하는 정도 외엔 소비자가 환경보호를 위해 할 수 있는 방법이 사실상 별로 없어요. 앞에서 말했듯이 열심히 분리수거해도 수거차량 한 대에 혼합수거하니 실제로 재활용률을 높이는 효과는 크지 않죠. 그래서 환경부, 지자체, 기업이 함께 시스템을 만들어야 합니다.

게다가 기업과 소비자 사이엔 정보 비대칭이 있어, 정보를 더 많이 가진 기업이 사회구조적인 문제를 먼저 인식할 수 있어요. 우리가 재활용 플라스틱 용기를 연구하면서 국내 재활용 시스템의 문제점을 인식하게 된 것처럼 말이죠. 시스템의 허점을 이용해 사업 기회로 삼을 수도 있고 그냥 묵인할 수 있지만 아로마티카는 시스템 개선에 기여하는 방향을 선택했어요.

최근 친환경 키워드가 떠오르면서 그린워싱 논란 등도 발생하고 있습니다. 그린워싱 논란에서 자유로우려면 브랜드 구성원들부터 환경보호에 진심으로 공감하고 행동해야 한다 생각해요. 대표님의 신념을 구성원들에게 어떻게 설득하고 공유하셨나요? 아로마티카의 인터널 브랜딩 노하우가 궁금합니다.

임직원들이 회사의 철학과 방향을 이해하고, 돈 버는 걸 넘어서 사회에 기여하는 일을 할 때 느끼는 보람과 존재가치를 만끽하길 바라는 마음이 커요. 사내 교육을 꾸준히 하는 것은 물론, 이론적으로 환경을 아는 것에서 나아가 제대로 실천할 수 있는 여건과 분위기를 구축하고 있어요. 실천하기 쉬운 것부터 삶에 스며들 수 있도록 단계적으로 진행하고 있죠. 예를 들어 회사 리필 스테이션에 벌크(대용량)를 설치해 용기 재사용을 독려해요. 분리배출함을 비치해 분리배출 방법을 전사적으로 교육하고요. 병뚜껑은 물론이고 종이, PP 등을 직접 분리수거하면서 재활용이 되는지 안 되는지 생각해 보고, 소재에 대해서도 더 많이 공부할 수 있습니다.

교육 외에도 월간 공유회를 열어 전월 실적과 매출, 이익 등을 발표하는 시간을 가져요. 모든 직원들이 '공동으로 경영한다'는 인식을 심어주기 위해서죠. 실적 발표와 더불어 제품 교육, 환경보호를 위해 회사가 하는 일 등을 설명하며 회사가 추구하는 비전을 직원들이 이해하고 같이 만들어갈 수 있도록 합니다. 이런 과정을 통해 직원들 모두 브랜드가 추구하는 진정성을 이해하고 행동할 수 있게 돼요.

사업을 하다 보면 매출, 비용, 설비투자, 기술 부족 등 여러 이유로 신념을 타협해야 하는 상황이 발생하기도 하죠. 타협하는 부분과 타협하지 않는 부분에 대한 아로마티카의 기준이 궁금합니다.

옳다고 생각하는 부분에선 타협하지 않아요. 사업의 근간을 흔들지 않는 선에서 세상을 옳은 방향으로 변화시키기 위한 공익적 활동을 하고, 가용 범위 내에서 최대치의 리소스를 들여 바꾸어야 할 부분은 바꿔나갑니다. 비용이 올라가고 공정이 추가되더라도 타협하지 않고 옳다고 여기는 바를 지켰을 때 언젠가 시장도 바람직하게 변화할 거라고 믿기 때문이에요.

단적으로, 저희가 정한 '클린&서스테이너블 뷰티 스탠더드'라는 기준을 벗어나는 원료는 쓰지 않아요. 예를 들어 실리콘오일은 잠재적 위험이 있어요. 디메치콘 같은 실리콘오일류의 EWG 위험도는 낮지만 환경독소나 인체축적 위험성이 있다고 캐나다 환경청에서 발표한 자료가 있어요. 아이러니한 건 소비자들이 탈모 우려가 있다는 네거티브 마케팅에 학습되어 실리콘프리 샴푸를 찾아 쓴 다음에 실리콘오일류가 주성분인 헤어 에센스로 마무리한다는 거죠. 실리콘프리 스킨 에센스를 바르고 실리콘 베이스의 선크림으로 마무리하고 있고요. 설페이트 계면활성제도 실제 위험도는 2~3 수준으로 표기돼 소비자들이 위험하다고 생각하지 않을 수 있지만 명백히 피부, 눈 점막 자극이 있고 생태계 오염 가능성 연구결과가 있어서 저희는 쓰지 않아요. 또한 화장품 업체들은 일본산 원료도 많이 쓰는데, 후쿠시마 원전 사고 이후 일본산 원료를 쓰지 않습니다. 일본산 원료가 물류나 비용 측면에서 저렴하지만 그래도 저희 기준에 맞지 않기 때문에 다른 지역 원료를 사용해요.

화장품이나 식품, 생활용품을 통틀어서 100% 재활용 용기 제작은 아로마티카가 국내 최초예요. 모든 게 그렇듯 항상 처음은 어려워요. 그렇지만 누군가 시작하면 따라올 수 있죠. 처음 시작한 기업이 리스크를 감수하고, 양산 테스트를 하고, 시장의 검증까지 받았으니까요. 이러한 행동을 저희가 먼저 시도하고 새로운 모델을 제시할 때 비로소 환경에 더 이로운 방향으로 시장도 발전할 수 있다고 생각해요. 그래서 더욱더 저희의 신념을 지키고 있습니다.

고객 니즈를 반영하기 위해서는 어떤 노력을 하시나요? 만약 회사의 생각과 고객의 니즈가 부딪힐 때는 어떻게 조율하나요?

일반 고객과 아로마티카를 꾸준히 써온 고객의 니즈를 구분해요. 시장 트렌드에 맞춘 제품 출시는 지양합니다. 예를 들어 시트마스크나 클렌징패드처럼 시장 수요가 큰 품목을 내지 않는 이유는 일회용 플라스틱 쓰레기가 발생하기 때문이에요.

아로마티카 고객의 니즈는 홈페이지 게시판의 '제안해주세요' 코너를 통해 확인해요. 실제로 아로마티카 스테디셀러 중 하나인 여성청결제와 센슈얼글라이드는 해당 게시판에 올라온 고객의 요청으로 탄생했습니다.

사람들이 왜 아로마티카를 좋아할까요?

묵묵히 신념을 지키는 진정성 때문 아닐까요? 고객들이 지어준 별명이 '믿고 쓰는 아로마티카'예요. 신제품 나오면 다른 리뷰도 안 보고 '그냥 구매했어요. 믿고 쓰는 아로마티카니까 당연히 좋겠죠'라고 하는 피드백에 제품 만드는 보람을 느낍니다.

사회에 도움이 되는 일을 하면 일하는 사람들이 보람을 느껴요. 일하는 사람이 보람 있으니 당연히 브랜드가 추구하는 진정성이 소비자들에게도 전달되죠. 더 좋은 제품을 고객들에게 전달하고자 연구개발부터 생산까지 직접 해요. 효율이나 비용 측면의 부담이 있지만 그만큼 제품력도 높아지고, 제품에도 진정성이 더 담겨요. 옳은 일을 하겠다는 진심을 가진 아로마티카 구성원들의 마음이 제품에 제대로 담기는 거죠. 고맙게도 고객들이 좋아해 주셔서 저희는 이익을 내요. 그 이익을 기반으로 지속 성장해 더 좋은 제품을 전달하고 사회에 환원하는 모습에 고객들이 저희를 계속 좋아해 주시는 것 같아요.

스몰 브랜드에 브랜딩이 중요한 이유가 무엇이라 생각하시나요?

이 브랜드를 왜 만들어야 하는지를 충분히 고민한 후 추구하는 방향성을 꾸준히 실천하는 것이 브랜딩이에요. 브랜드 방향성은 잘할 수 있는 것, 좋아하는 것 그리고 세상에 도움이 되는 것이 일치했을 때 정해져요. 이 방향성과 우리 브랜드가 왜 존재하는지 잊지 않고 지속하는 행위를 차곡차곡 쌓아가는 과정이 브랜딩이죠. 이 과정을 거쳐야 비로소 진정성 있는 브랜드로 거듭나요. 그 진정성을 통해 정체성이 명확한 브랜드가 되죠. 빠르게 변하는 트렌드에도 정체성을 잃지 않고요. 그걸 소비자들이 알아봐요. 저 브랜드는 트렌드에 휩쓸리는 곳이 아니구나, 진정성 있게 자신의 길을 가고 제대로 제품을 만드는구나 하고요. 채용에도 좋은 점이 있어요. 저희의 진정성과 정체성에 공감해 입사를 지원한 직원들이 대다수예요.

저희는 처음부터 브랜딩을 염두에 두기보다는 옳다고 생각한 신념을 지켜왔어요. 제품에 대한 진정성, 환경에 대한 진정성이 바로 그것이죠. 고객들에게 브랜드 정체성을 제대로 인식시키는 과정이 곧 브랜딩이었고요. 예전에도 그랬고 지금도 그렇고 앞으로도 아로마티카는 트렌드와 컨셉에 맞춘 브랜딩은 지양하려고 해요. 당장 이목을 끌 수는 있지만, 브랜딩을 위한 브랜딩은 결국 브랜드 고유의 방향성을 잃기 쉽기 때문이에요.

대표님이 생각하는 브랜드의 정의는 무엇인가요? 좋은 브랜드를 만드는 데 가장 중요한 요소는 무엇이고요?

브랜드를 만들기 전에 고민하고, 만든 후에도 존재가치가 무엇인지 계속 고민하는 것이 진짜 브랜드예요. 새롭고 기발하고 예쁘고 재미있는 브랜드들이 많이 나오고 있어요. 그렇지만 사람들이 열광하는 핫한 브랜드라 해서 몇 년 뒤에도 유지될 수 있는지는 두고 봐야 해요. 오랫동안 지속되지 않는다면 브랜드라 보기 어렵죠.

〈생활의 달인〉 같은 프로그램을 보면 그런 가게들이 많이 나와요. 그냥 동네 떡볶이집이에요. 새벽같이 기상해 가게에 나오시죠. 기계도 쓰지 않고 직접 재료를 손질하고, 12시간씩 육수도 손수 끓이시고, 누가 보지 않는데도 옷도 갖춰 입으세요. 이런 가게는 레시피를 공개해 다른 가게가 따라 해도 그 맛이 똑같이 나지 않아요. 동네 사람은 물론이고 멀리서도 그 맛을 잊지 못해 찾아와요. 그런 가게 사장님들은 묵묵히 자부심을 가지고 그냥 하는 거예요. 그러니 평생

할 수 있죠.

저는 이 차이가 만드는 사람의 '열과 혼'에서 나온다 생각해요. 어떻게 보면 장인정신이라고도 할 수 있겠네요. 열과 혼을 담아 100년의 세월 동안 유지할 수 있다면 시골 한구석에서 묵묵히 만드는 떡볶이집도 훌륭한 브랜드라고 봐요. 열과 혼에 소비자 기호가 어느 정도 맞아떨어진다면 그 브랜드는 지속될 수 있어요. 10년, 20년 지속된 시간이 쌓였을 때 진정한 브랜드로 거듭납니다.

아로마티카처럼 자기다운 브랜드를 만들고자 하는 사장님들께 조언해 주신다면?

시장 트렌드와 컨셉에 지나치게 흔들리지 마세요. 자신이 잘할 수 있는 것과 좋아하는 것 그리고 다른 사람에게 도움을 줄 수 있는 것, 이 3가지가 교집합을 이루는 업을 선택하세요. 그 업에 열정과 진정성을 담아서 최소한 10년은 버티시라고 말씀드리고 싶어요. 그러면 원하시는 브랜드를 만들 수 있습니다.

우리는 이 책을 어떤 브랜드로 만들고 싶었나

'엘리베이터 스피치'라는 말을 들어봤을 것이다. 투자자 등 주요 의사결정권자와 엘리베이터에서 만난 상황을 가정해 엘리베이터가 움직이는 1분 남짓의 짧은 시간 동안 나의 사업에 대해 빠르게 핵심만 설명하고 의사결정을 듣는 스피치다. 엘리베이터 스피치는 단지 스타트업 창업가들만 하는 것이 아니다. 내 브랜드를 만들어 키우는 사장님들도 매일 고객들에게 엘리베이터 스피치를 한다. 그렇지 않은가? 그렇지 않다면 지금부터라도 해야만 한다.

과거에는 브랜드를 만들고 알리기 위해 TV 광고나 대규모 이벤트, 프로모션 등에 막대한 돈을 들여야 했다. 비용만큼이나 실행절차도 복잡하고 어려워서 전문가의 도움을 받지 않으면 좀처럼 접근하기 힘들었다.

하지만 2023년 현재, SNS가 일반화되고 개인이 활동할 수 있는 채널이나 플랫폼이 많아지면서 상대적으로 적은 비용으로도 자신의 브랜드를 만들고 알리기 쉬워졌다. 적은 자원으로 작게 만들었다고 영향력이 미미한 것도 아니다. 그 결과 스몰 브랜드에 대한 관심은 점점 높아지고, 관심을 넘어 애정을 갖는 팬들의 힘으로 대기업이나 글로벌기업 부럽지 않은 성공을 거두는 스몰 브랜드도 심심치 않게 보인다.

그러나 밝은 면만 있는 것은 아니다. 브랜드를 시작하는 진입장벽이 낮아지면서 동종 카테고리에서 유사한 브랜드가 끊임없이 생겨난다. 그 많은 브랜드가 이목을 끌고자 다양한 채널에서 다양한 방법으로 노력할수록 아이러니하게도 고객의 피로감은 커져만 간다. 대다수의 브랜드가 비슷한 메시지로 유사한 콘텐츠를 만들어낸다. 어제 생겨난 브랜드가 오늘 선보인 브랜드 같아 보인다. 이로 인해 우리 브랜드만의 차별점이 무엇인지 간결하게 전달하지 못하면 고객에게 피로감만 남긴 채 외면된다.

그럴수록 브랜드에 요구되는 것은 고객에게 엘리베이터 스피치처럼 핵심만 간결하게 전달하는 능력이다.

브랜드에 대한 관심과 인식이 높아진 지금은 이 말에 많은 이들이 공감하지만 스몰 브랜드를 위한 브랜드 개발 플랫폼 아보카도가 론칭한 2018년만 해도 낯선 이야기였다.

더워터멜론을 시작하던 2017년 그날, 이상하게 머릿속을 떠나지 않던 생각이 있었다. '국내 대기업, 글로벌기업들이 브랜드 컨설팅 회사에 어마어마한 금액을 지불하며 브랜드와 사업의 다양한 문제점을 해결해 달라고 요청하는데, 그런 컨설팅을 스몰 브랜드도 받을 수는 없을까?'

이러한 생각을 행동으로 옮겨 아보카도 서비스를 만들었다. 장사를 넘어 지속 가능한 사업으로 도약하게 하는 중요한 요소 중 하나인 브랜드, 과연 스몰 브랜드에게 사업과 브랜드란 어떤 의미인지 정의하고자 머리를 맞댔다. 그때 내린 결론은 '스몰 브랜드일수록 짧은 시간에 우리 브랜드만의 존재이유를 명확하게 설명하고 고객들의 관심을 이끌어내야 한다'였다. 아보카도는 시간, 돈, 사람이 한정적인 스몰 브랜드가 짧은 시간에 고객의 관심을 얻을 수 있도록 돕겠다는 목표로 탄생했다. 출발은 브랜드의 시작인 '자기다움'을 찾는 것이다. 이를 바탕으로 브랜드만의 스토리, 상징 요소, 연결고리를 구축한다. 이는 작은 브랜드에 최적화된 린 브랜딩(lean branding)의 3요소이기도 하다. 이것이 아보카도의 탄생배경이자 전략이다.

사장님들을 위한 이 책을 마무리하며 '서비스 5년 차가 되는 아보카도는 과연 이 3요소를 갖추고 있는가?'를 한번 되짚어 보았다. 스몰 브랜드 관점에서 과연 우리는 이를 잘 수행하고 성장하고 있는지 점검하는 차원에서.

– 스토리 : 브랜드란 누구나 만들 수 있어야 하고 우리 모두가
브랜드가 되어야 한다고 생각한다. 아보카도는 모든 이들이 브
랜드에 대한 주도권(initiative)을 갖게 하고, 브랜드의 매력과 솔
루션을 제공함으로써 '브랜드적인 삶'을 실현하도록 돕는다고
스스로를 설명한다. 국내 최초의 스몰 브랜드 개발 플랫폼으로
서 아보카도는 브랜드 전문성과 테크가 결합해 적은 시간과 비
용으로 사업의 의미가 담긴 결과물을 만들고 있다.

– 상징 요소 : 브랜드 네임인 아보카도(abocado)는 과일 아보카
도(avocado)와 달리 브랜드를 뜻하는 B로 표기한다. 브랜드의
ABC를 만들고 나아가 실행(DO)하는 플랫폼이라는 뜻을 담았
다. 비주얼 관점에서는 과일 아보카도를 연상할 수 있게 의인화
한 '카도' 캐릭터를 상징 요소로 사용한다.

– 연결고리 : 아무리 좋은 서비스도 고객을 만나지 못하면 의
미가 없다. 스몰 브랜드를 지원하는 네이버 비즈니스 스쿨, 배
민아카데미, 캐시노트 등의 기업 및 다양한 창업 지원 프로그램
과 협업하며 스몰 브랜드를 직접 만나는 다양한 연결고리를 찾
고, 만들고, 이어가고 있다.

아보카도가 탄생한 2018년과 비교하면 지금은 스몰 브랜드에
대한 관심이 말도 못하게 커졌다. 그뿐 아니라 기술, 문화 등 많은 것
이 바뀌었고 고객의 니즈도 달라졌다. 아보카도는 이런 변화에 유연
한 적응성을 발휘하는, 적응 가능한 브랜드를 만들자는 마음가짐으

로 오늘도 스몰 브랜드들을 만나고 있다.

브랜딩이 어려운 것은 모범답안이 없기 때문이다. 시험기간이면 그럴듯한 족보가 돌곤 한다. 그러나 족보가 있다 해도, 문제를 잘 푸는 스킬이 있다 해도 매번 좋은 성적을 받기는 어렵다. 브랜드도 마찬가지다. 탁월한 학습자료와 역량이 있어도 한순간에 고객에게 잊힐 수 있다.

이런 어려움을 딛고 영속하는 브랜드는 결국 꾸준함, 일관성 그리고 쌓임의 힘이 있는 브랜드다. 브랜드를 시작한 처음의 마음을 잊지 않고 매일을 이겨내는 브랜드만이 시장에서 살아남고 고객의 마음속에 깊게 오랫동안 새겨진다. 쉽지 않은 일이지만 어떻게 하면 고객에게 더 진심으로 다가갈지, 더 좋은 가치를 줄지 고민하는 것만으로도 충분하다. 어려워 보이는 일의 해답은 의외로 가까운 곳에 있다는 평범한 진리를 잊지 말자.

우리의 오늘, 하루하루가 쌓여 멋진 브랜드가 만들어진다. 사장님들의 건투를 빈다.

작지만 큰 브랜드

2023년 2월 28일 초판 1쇄 발행
2023년 3월 20일 초판 2쇄 발행

지은이 우승우·차상우·한재호·엄채은

펴낸이 김은경
편집 권정희, 이은규
마케팅 박선영
디자인 황주미
경영지원 이연정

펴낸곳 ㈜북스톤
주소 서울특별시 성동구 성수이로20길 3, 6층 602호
대표전화 02-6463-7000
팩스 02-6499-1706
이메일 info@book-stone.co.kr
출판등록 2015년 1월 2일 제2018-000078호

ISBN 979-11-91211-98-6 (03320)

북스톤은 세상에 오래 남는 책을 만들고자 합니다. 이에 동참을 원하는 독자 여러분의 아이디어와 원고를 기다리고 있습니다. 책으로 엮기를 원하는 기획이나 원고가 있으신 분은 연락처와 함께 이메일 info@book-stone.co.kr로 보내주세요. 돌에 새기듯, 오래 남는 지혜를 전하는 데 힘쓰겠습니다.